온라인 사역을 부탁해

온라인 사역을 부탁해

지은이 | 케빈 리
초판 발행 | 2021. 4. 14
5쇄 발행 | 2021. 10. 7
등록번호 | 제1988-000080호
등록된 곳 | 서울특별시 용산구 서빙고로 65길 38
발행처 | 사단법인 두란노서원
영업부 | 2078-3352   FAX | 080-749-3705
출판부 | 2078-3331

책값은 뒤표지에 있습니다.
ISBN 978-89-531-3992-3 03230   Printed in Korea

독자의 의견을 기다립니다.
tpress@duranno.com   www.duranno.com

두란노서원은 바울 사도가 3차 전도여행 때 에베소에서 성령 받은 제자들을 따로 세워 하나님의
말씀으로 양육하던 장소입니다. 사도행전 19장 8-20절의 정신에 따라 첫째 목회자를 돕는 사역과
평신도를 훈련시키는 사역, 둘째 세계선교(TIM)와 문서선교 (단행본·잡지) 사역, 셋째 예수문화 및 경배
와 찬양 사역, 그리고 가정·상담 사역 등을 감당하고 있습니다. 1980년 12월 22일에 창립된 두란
노서원은 주님 오실 때까지 이 사역들을 계속할 것입니다.

온라인 사역을 부탁해

온라인 예배에서
소그룹 양육까지

케빈 리
지음

두란노

목차

《온라인 사역을 부탁해》의 출간을 매우 기쁘게 생각한다. 그동안 케빈 목사와 교제하면서 온라인 사역에 관해 나눴던 이야기를 떠올리며 기대하는 마음으로 책을 펼쳤다. 지역 교회를 지키기 위해 평생을 바칠 자세로 이 글을 쓰기 시작했다는 케빈 목사의 마음이 글 속에 오롯이 담겨 있음을 확인할 수 있었고, 허투루 건너뛰어도 되는 페이지는 없었다.

2017년부터 새들백교회에서 온라인 사역을 감당해 온 케빈 목사는 이 책을 통해서 온라인 사역에 대한 세 가지 강조점을 말한다. 첫 번째는 온라인 사역의 기초는 바로 교회라는 사실을 강조한다. 교회의 존재 목적과 본질을 놓치지 않기 위해 '교회란 무엇인가?'라는 진지한 질문을 건넨다. 교회에 대한 올바른 이해야말로 사역을 위한 흔들리지 않는 기초가 된다는 것을 저자의 경험을 바탕으로 나누고 있다. 두 번째는 온라인 사역에서 필요한 부분을 상세하게 설명한다. 다소 생소할 수 있는 단어들을 자세하게 설명하면서, 지금 당장에는 불편하지만 가까운 미래에 필수적으로 감당해야 하는 구체적인 온라인 사역에 대해 강조하고 있다. 경험하지 않고는 알지 못하는, 깊은 이해 없이는 결코 말해 줄 수 없는 세세한 사역 안내는, 이 책이 왜 지금 당장 목회자의 손에 들려야 하는지를 말해 준다.

마지막으로는 온라인 사역의 '지속성'을 강조한다. 온라인 사역은 코로나 시대에만 활용 가능한 일시적인 사역이 아니다. 코로나 이후, 새롭게 부각되는 디지털 미션 필드(Digital Mission Fields)에서의 사역은 교회 사역의 또 다른 핵심 현장이 될 것이고, 단지 교회 사역의 부족한 부분을 메우는 정도가 아니라 현시대와 미래의 사역 방향을 제시해 주는 주요한 역할을 할 것이다. 저자는 오늘의 온라인 사역이 멈춤 없이 지속될 수 있도록 충분한 팁을 독자들에게 선물하고 있다. 일상의 회복을 기대하며 코로나가 끝나기를 기다리는 사역자가 아닌, 새로운 일상을 준비하는 마음으로 분주하게 움직이는 사역자의 손에 건네는 귀한 안내서가 될 것으로 기대한다.

계재광 한남대학교 기독교학과 교수

케빈 목사는 이 책에서, 갑자기 닥친 팬데믹으로 인해 교회들이 당황하는 시기에 온라인 사역을 어떻게 시작하고 이어 나갈 수 있는지 기본적이면서도 실제적으로 가르쳐 주고 있습니다. 사실 미국에서도 팬데믹이 터지기 전에는 온라인 사역에 그리 큰 비중을 두지 않았습니다. 미국도 한국처럼 온라인 사역이라면 대개 각 교회의 예배나 특별 프로그램들을 영상으로 만들어 게시하는 정도의 사역이었습니다. 손에 꼽힐 정도로 소수의 교회들만이 이전부터 '온라인 교회'라는 획기적인 기획으로 사역을 시도했습니다. 그중 한 교회가 바로 케빈 목사가 사역하고 있는 새들백교회입니다.

케빈 목사와는 개인적으로도 친분이 있습니다. 제가 한때 담임으로 섬겼던 남가주사랑의교회에서 그는 청소년과 청년의 때를 보낸 형제입니다. 2017년도에 제가 미국에서 안식년을 보내는 동안 몇 번 만나 교제하면서, 그가 소개해 준 온라인 사역이 한국 교회에도 꼭 필요하다고 느꼈습니다. 언젠가는 한국에서도 본격적인 온라인 사역이 시작되어야 한다고 생각했는데, 코로나19가 그 시기를 훨씬 앞당겨 준 셈입니다.

케빈 목사는 어린 시절부터 미국에서 자랐지만, 늘 한국 교회를 생각하며 자신이 기여할 수 있는 기회를 찾고 있었습니다. 이제 그의 소망이 이루어지는 것 같아 매우 기쁩니다. 이 책이 한국 교회와 이민 교회에 많은 도움과 힘이 될 것이라고 믿습니다. 그동안 온라인 사역을 망설이던 교회들에게는 동기부여가 되고, 이미 온라인 사역이 진행되고 있는 교회들은 새로운 인사이트를 얻게 되기를 소망합니다.

김승욱 할렐루야교회 담임목사

이 책을 읽으면서, 급변하는 시대적 변화에 능동적으로 대처하는 생명의 공동체를 보게 되었습니다. 케빈 목사님이 소개하는 온라인 사역은 교회의 본질과 교회의 DNA에 대해서는 타협이 없지만, 비본질적인 면에서는 포용과 관용, 그리고 유연성이 필요함을 제시하고 있습니다. 교회는 시대적 책임감을 가지고 세상에서 빛 되신 예수 그리스도를 전해야 합니다. 이를 위해, 시대가 처한 도전 앞에서 대위임령을 완성시키고 대계명을 삶으로 살아내야 합니다.

"그곳에 사람들이 있다"는 저자의 말에 전적으로 공감합니다. 매달 약 28억 명의 사람들이 접속하는 페이스북과 매달 약 20억 명의 사람들이 이용하는 유튜브에서 예수 그리스도를 전할 수 있다면, 이것이야말로 하나님이 이 시대에 우리에게 주신 '애굽의 보화'라고 생각합니다. 또한 "온라인 사역은 미래의 답이 아니라 방향이다"라는 저자의 말이 마음에 오래 남습니다. 저자는 현재 미국 교회들은 자원을 총동원해서 소그룹 커리큘럼을 만들고 있다고 합니다. "온라인 청소년 프로그램, 온라인 재정 훈련 프로그램, 온라인 중독 회복 프로그램, 온라인 상담 프로그램 등 여러 방면으로 발전해 나가기 시작했다"고 말합니다. 이러한 시대적인 큰 물결은 교회의 새로운 패러다임을 세워 나갈 것입니다. 바라기는, 이 책을 통해 급변하는 시대 속에서 지역 교회들이 그리스도의 지상명령을 수행하는 생명의 공동체로 든든히 세워지길 바랍니다.

노창수 남가주사랑의교회 담임목사

유튜브 채널 '미국목사케빈'으로 알려진 케빈 목사님이 이 시대에 교회가 꼭 필요로 하는 책을 쓰게 되어 너무나 기쁘고 고맙게 생각합니다. 제가 섬기는 교회에서는 온라인 사역의 활성화를 위해 케빈 목사님을 모시고 두 차례 포럼을 가졌는데, 미국에서 온라인 사역을 가장 활발하게 하고 있는 새들백교회 사역을 배웠을 뿐만 아니라 목사님의 한국 교회를 향한 열정도 알게 되었습니다. 이 책은 피할 수 없는 시대적 요청인 온라인 사역의 그 기본 정신부터 구체적 방법까지 실천적으로 잘 소개하고 있습니다. 간결하게 쓰인 책이지만 온라인 사역의 교과서 같은 역할을 할 것입니다.

팬데믹이 가져다 준 가장 큰 변화는 온라인 사역에 대한 생각의 전환입니다. 온라인상에서는 예배 뿐 아니라 교육, 훈련, 모임 등 거의 모든 사역이 가능합니다. 이전에 대면 모임 때는 상상할 수도 없었던, 지역과 국경마저 초월하게 합니다. 특히 기존 성도들뿐 아니라 교회 밖에 있는 사람들에게도 다가갈 수 있는 최적화된 방법이 온라인 사역입니다. 새들백교회는 담임목사의 목회 철학을 온라인 사역을 통해 잘 녹여 내어 가장 효과적인 결실을 맺은 모델 교회라 할 수 있습니다. 한국 교회나 이민 교회도 이런 사역 모델을 잘 적용한다면 포스트 코로나 시대에 비상하는 교회를 이루어 갈 수 있을 것입니다.

류응렬 와싱톤중앙장로교회 담임목사

이 책은 '도전의 책'입니다. 첫째는, 팬데믹 상황에서 어떻게 예배를 준비하고 드릴 것인가에 대한 도전입니다. 우리는 이전까지 한 번도 생각해 보지 못했던 일, 매주 온라인 예배를 드려야 하는 상황 속에 있습니다. 이런 상황에서 케빈 목사님은 새들백교회의 온라인 사역을 통해 경험한 내용들을 나누며, 온라인 예배를 더 깊이 있게 드리기 위해 교회들이 준비해야 할 것이 무엇인지를 질문하고 있습니다.

둘째는, 다음 세대와 선교적 미래를 준비하라는 도전입니다. 케빈 목사님을 통해 수년 전부터 이 사역에 대해 들어 왔습니다. 새들백교회는 이미 예배를 정상적으로 드리기 어려운 회교권 국가들의 성도들을 위한 온라인 사역을 하고 있었습니다. 회심한 성도들이 생기면 안전한 나라로 모이게 하여 세례를 받도록 돕는 감동적인 일도 있었습니다. 이 책은 팬데믹 상황만을 위한 것이 아닙니다. 젊은 세대를 위한 만남과 선교적 도구로서 온라인 사역이 사용되는 것을 보여 주는 체험담입니다.

마지막으로, 이 책은 온라인 예배에 대한 신학적 검토와 실천의 한계를 교회들이 되짚어 보게 하는 도전입니다. 분명히 우리가 겪는 현실은 임시 상황입니다. 기독교 안에서 예배는 함께 모여서 드리는 공중예배가 신학적으로 바른 예배입니다. 하지만 지금의 특별한 상황과 선교적 과제, 또 젊은 세대들을 인도하는 도구로서의 온라인 사역에 대한 신학적 과제를 현대 교회에게 숙제로 남겨 주고 있습니다. 이 책을 통해 미국이라는 상황 속에서 체득된 실제적인 온라인 사역이 한국 교회에 도움이 되기를 기대합니다. 또한 건강한 신학적 질문을 통해 온라인 사역의 가능성과 한계를 밝혀 주는 응답이 나오기를 기대합니다.

박신일 그레이스한인교회 담임목사

사막 여행을 갈 때는 지도가 아니라 나침반이 필요한 것처럼, 코로나 팬데믹으로 인해 이전까지 선명히 보이던 목회의 걸음과 실천이 보이지 않을 때 우리에게는 나침반처럼 방향을 다시금 확인하는 여정이 요청된다. 이 책은 모두가 직면하고 있는 비대면 시대 속에서 우리의 목회 현장에 너무나도 유용한 나침반을 보여 주는 친절한 안내서다. 사실 기독교 역사는, 변치 않는 하나님의 진리와 복음을 변하는 세상 속에 어떻게 전해야 할지에 관해 깊이 고민하면서 시대적 분별력과 믿음의 용기를 가지고 걸어온 여정이었다.

이 책에는 케빈 목사님이 새들백교회에서 경험한 온라인 사역, 한국 교회의 여러 기관 및 목회자 그룹과 소통하며 정리한 온라인 사역에 관한 지혜와 경험, 비대면 사회 속에서 멈추지 말아야 할 복음 전파와 사명에 대한 열정이 담겨 있다. 그러기에 이 책에 담겨 있는 온라인 사역에 관한 이해와 구체적인 목양의 실천들은 새들백교회라는 한 교회의 상황을 넘어선다. 모든 교회가 함께 붙들어야 할 복음의 방향성과 다양한 목회 현장이 고려되고 반영된 기본적이면서도 창의적인 실천이 제시되어 있다. 이 책을 통하여 목회자와 성도, 교사와 부모, 부모 세대와 다음 세대 모두가 각자의 사역 현장에서 하나님의 신실한 은혜와 역사를 목도하는 가슴 뛰는 사건들이 계속 일어나기를 간절히 소망한다.

신형섭 장로회신학대학교 기독교교육학과 교수

갑작스럽게 닥친 코로나 바이러스는 전 세계를 불안과 공포로 몰아넣었습니다. 교회 또한 충격을 받았습니다. 무엇보다 생명처럼 여겨 왔던 교회에서의 예배가 중단되자, 교회의 미래는 혼돈 속 길을 잃은 듯한 상황이 펼쳐졌습니다. 어쩔 수 없이 선택한 온라인 예배였기에 처음에는 잘 몰랐습니다. 그 속에 어떤 하나님의 뜻과 섭리가 담겨 있는지 우리는 몰랐습니다. 그렇게 시간이 흘렀습니다. 온라인과 오프라인 사이를 불규칙적으로 오가며 우리는 굳게 닫혔던 의식과 습관이 깨지는 경험을 했습니다. 교회의 본질을 고민하며 온라인 사역에 대한 새로운 눈을 뜨게 되었습니다. 그러면서 그곳에 얼마나 많은 사람이 모여 있고 또 얼마나 복음이 절실한 곳인지도 알게 된 것입니다.

온라인은 선교의 새로운 영역이지만 누구도 가 보지 않은 미지의 영역입니다. 이때 케빈 목사님의 등장이 얼마나 반갑고 감사한지 모릅니다. 변화가 필요한 한국 교회에 그는 미국 교회의 혁신과 실험 정신을 가장 안전하고 정확하게 전해 줄 수 있는 적임자입니다. 1.5세 이민자로서 한국 교회와 미국 교회를 깊이 경험했을 뿐 아니라 문화적으로도 기성세대와 MZ세대를 아우르는 감각을 지닌 인재입니다.

그런 면에서 이 책은 가장 필요할 때 가장 중요한 내용으로 우리에게 찾아온 선물입니다. 무엇보다 지난 40년간 혁신으로 달려와 이제는 온라인 사역의 모델로서 영향력을 미치고 있는 새들백교회의 정신과 노하우가 고스란히 담겨 있습니다. 자칫 방법론에 치우치기 쉬운 온라인 사역에 대해 이 책은 핵심부터 적용까지 꼼꼼하고 친절하게 가르쳐 줍니다. 독자들은 글을 읽으면서 온라인 사역의 본질과 의미를 배우고 지역 교회에 적용할 수 있는 아이디어와 통찰력을 얻게 될 것입니다.

이 책을 여러 사람과 함께 읽고 토론하고 적용하면 좋겠습니다. 교회 공동체가 같은 비전을 가지고 온라인 사역에 참여할 수 있기를 바랍니다. 그로 인해 미지의 영역으로 여겨졌던 온라인이 선교 공간으로 변화되고, 그 사역에 진지하게 뛰어드는 개인과 공동체로 인해 거룩한 영적 파도가 일어나기를 기대합니다. 새로운 시대, 창의적이고 모험적인 도전을 하고 싶은 모든 이에게 이 책을 강력히 추천합니다.

이상훈 미성대학교(America Evangelical University) 총장

코로나 팬데믹은 삶의 모습 뿐 아니라 교회의 모습도 바꾸어 놓았습니다. 이러한 상황에서 완전하지는 않아도 적절한 대안으로 제시된 것이 온라인 사역입니다. 예배 뿐 아니라 성도의 교제와 양육도 다양한 화상 플랫폼을 통해서 진행하게 되었습니다. 대안이 되는 기술과 플랫폼이 주어진 것은 다행이었으나, 급격한 변화로 인한 진통들도 겪어야만 했고 지금도 진행 중입니다. 교회의 본질에 대한 고민과 질문뿐만 아니라 선교와 같이 지속해야 하는 다양한 사역들도 여전한 숙제로 남아 있습니다.

이러한 때에 케빈 리 목사님의 《온라인 사역을 부탁해》가 나온 것은 참 반가운 소식이 아닐 수 없습니다. 케빈 리 목사님은 새들백교회에서 사역하고 있는 1.5세 사역자이며, 코로나가 시작되기 전부터 온라인 사역을 연구하며 준비해 온 목사님입니다. 이 책에는 온라인 사역을 향한 깊은 고민과 실제적인 적용점들이 잘 담겨 있습니다. 아직 풀어 가야 할 부분이 많은 온라인 사역을 붙잡고 씨름하는 많은 교회에 소중한 자료가 될 것이라고 생각합니다. 아무쪼록 한국 교회가 팬데믹이라는 어려운 상황 속에서 오히려 복음의 확장을 이루게 되기를 바라고, 이 책이 그 역사의 마중물처럼 쓰이게 되기를 기대합니다.

이재훈 온누리교회 담임목사

진작에 나왔어야 할 책이, 쓸 자격이 있는 분을 통해 나왔다. 케빈 리 목사님의 책은 시기적으로 적절하며 내용적으로 단단하다. 4차 산업이 시작된 지 이미 오래 되었지만 교회는 1차 산업 시대의 모습을 아직도 유지하고 있다. 한국은 IT 강국이지만 IT를 활용한 학습적인 부분에서는 최하위이다. 'OECD PISA(국제학업성취도평가) 2018을 통해 본 한국의 교육 정보화 수준과 시사점'이라는 보고서를 보면, '우리나라 가정에서의 디지털 기기 접근성'은 조사 대상국 31개국 중에 28위이다. 학교에서 학습을 위해 디지털 기기를 활용하는 정도는 29위이다. 온라인 학습을 위한 기계와 속도는 최상급이나 학습 활용도 면에서는 최하위라고 할 수 있다. 교회는 어떠한가? 교회에 설치되어 있는 방송, 음향기기, 인터넷 환경은 웬만한 공연장보다 좋다. 하지만 이런 최상의 기기를 일주일에 한 번 드리는 대면 예배만을 위해서 사용하고 있다. 이제 본격적으로 온라인 사역을 시작해야 한다.

왜 온라인 사역인가? 저자가 언급했듯이 그곳에 사람들이 몰려 있기 때문이다. MZ세대, 알파세대에게 온라인은 삶 그 자체이다. 대담한 피보팅(pivoting, 위기 상황이나 트렌드 변화에 따라 빠르게 사업을 전환하는 전략)이 일어나야 한다. 이제 교회 사역 방향의 축을 온라인으로 삼아야 한다. 특별히 교회의 미래, 다음 세대를 생각한다면 더 이상 온라인 사역을 미룰 수 없다. 이 책과 함께 온라인 사역을 시작하라. 본 책은 단순히 온라인 사역을 알려 주는 책이 아니라 한국 교회의 5년 후의 모습을 보여 주는 책이다. 한국 교회의 5년 후가 궁금하다면 이 책을 읽어 보길 바란다.

주경훈 오륜교회 부목사, '꿈이 있는 미래' 소장

케빈 목사님의 이 책이 한국 교회 온라인 사역의 매뉴얼이 되었으면 하는 마음으로 강력히 추천합니다. 케빈 목사님은 제가 너무나도 사랑하고 아끼는 친구이자 동역자로, 우리는 지난 5년 동안 각별한 우정을 쌓아 왔습니다. 그는 1.5세로서 미국과 한국 간의 다리가 되어 미국 교회 시스템을 누구보다 잘 설명해 줄 수 있는 사람입니다. 그의 끊임없는 열정과 진정성, 교회를 사랑하는 마음을 옆에서 지켜보며 많이 배우고 있습니다. 저는 다음 세대를 이끄는 리더로서, 케빈 목사님의 온라인 사역 동향을 들으며 제 사역의 방향을 잡을 정도로 큰 영향을 받고 있습니다.

저는 이 책을 통해서 한국 교회에 패러다임 전환이 일어나기를 바랍니다. 이제 온라인 사역은 단순히 선택이 아니라 모든 교회 문화에 필수적인 DNA가 되어야 합니다. 무엇보다 다음 세대들을 바르게 세우기 위해서는 온라인 사역이 필히 이루어져야 한다고 생각합니다. 온라인으로 단순히 예배 영상만 보도록 활용하는 것이 아니고, 다음 세대를 위한 중대한 사역이 되었으면 좋겠습니다. 이 책을 읽고 새로운 변화에 도전하는 교회들이 생길 수 있기를 기도합니다.

폴 손 《청년의 시간》 저자, 차세대 리더 양성기관 카라(QARA)대표 한국에서 태어나 만 열 살 때 미국 캘리포니아로 이민 온 나는, 미국 새들백교회에서 온라인 사역 담당 목사로 섬긴 지 4년 정도 되었다.

새들백교회를 섬기다 보니, 교회를 방문하는 한인 사역자들을 만나게 되었고 그들에게 종종 듣는 이야기가 있었다. "한국 교회는 미국 교회보다 5년 정도 늦은 감이 있어서 미국 교회는 사역을 어떻게 하나 배우러 왔습니다." "이민 교회는 한국에 있는 교회보다도 5년 정도 늦은 것 같아요."

이 말이 사실인지 아니면 과장된 표현인지 모르겠지만, 미국 교회에서 사역하면서부터 한인 교회에 있을 때는 들어 보지 못한 이야기들을 듣게 되었고 고민해 보지 않은 부분들을 고민하게 되었다.

한 가지 예로, 코로나 바이러스로 인해 줌(zoom) 사용이 언급되기 전, 이미 2년 전에 교회에서는 나에게 페이스북에서 개발한 오큘러스 VR(Oculus Virtual Reality Goggle)을 주었다. 그것을 사용해 소그룹으로 모이는 방법을 고민해 보라는 임무와 함께 말이다.

온라인 사역에 대해서 책을 내야겠다고 마음먹은 이유는 간단하다. 교회를 사랑하고, 특히 한국 교회와 이민 교회를 사랑하기 때문이다. 나는 아직도 이 시대의 소망은 지역 교회라 생각하고, 그 교회를 지키기 위해 내 평생을 드릴 마음으로 이 글을 쓰기 시작했다.

미국 교회를 섬기면서도 '미국목사케빈'이라는 유튜브 채널을 통해 한국 교회와 이민 교회를 섬길 수 있는 통로를 갖게 되었는데, 이 책은 지난 1년 반 동안 영상으로 남긴 내용들의 연장선상에 있다. 영상으로 나눈 내용들은 하나의 '인상'(Impression)으로 남지만, 글로 나눈 내용들은 하나의 '구조'(structure)를 남기는 것 같다. 그러한 의미에서 이 책이 한국 교회와 이민 교회 온라인 사역의 기반이 되었으면 하는 바람이다.

기반이 있어야 집도, 건물도 빨리 세워지듯이 온라인 사역에 있어서도 기반이 있어야 한다. 한국 교회와 이민 교회 모두 이 기반을 빨리 갖추어서 더 이상 한국 교회와 이민 교회가 미국 교회보다 늦는다는 소리를 듣지 않기를 바란다.

나는 이 책을 읽는 이들이 책에 쓰여 있는 대로만 하지 않았으면 좋겠다. 이 책의 내용들은 기반으로 삼고, 그 위에 책을 읽는 이들의 신념과 새로운 아이디어들로 다양한 사역들이 세워졌으면 한다. 교단을 초월하여 교회와 사역자들의 협력이 이루어졌으면 좋겠고, 온라인 사역에 관한 기발한 아이디어들이 나와서 나중에는 한국의 온라인 사역을 미국 교회에 소개하게 되었으면 좋겠다.

미국 교회를 섬기면서 미국 교회가 빨리 변화해 가는

이유를 어느 정도 알게 되었다. 그들은 '확실한' 기반 위에서 '불확실한' 새로운 아이디어들을 계속 시도해 본다. 이 책이 IT 강국인 한국에서 온라인을 활용한 새로운 사역들이 창출되고 세워지는 데 도움이 되길 바란다.

01

온라인 사역은
처음인데요

: 온라인 사역 목적과 대상

왜 온라인 사역이 필요한가? 그 이유는 간단하다. 먼저, 사람들이 온라인에 몰려 있기 때문이다. 낚시에서 가장 중요한 게 무엇인가? 아무리 좋은 낚싯대가 있어도, 세계 최고의 낚시꾼이어도, 물고기가 없는 곳에서는 물고기를 낚을 수 없다. 온라인 사역이 필요한 이유는, 우리 성도들이 그리고 비신자들이 많은 시간을 온라인에서 보내고 있기 때문이다.

인터넷 플랫폼 사용률을 보면 얼마나 많은 사람이 그곳에 모여 있는지 알 수 있다. 소셜 미디어가 인터넷 플랫폼의 중심이 되어 가고 있는 이 시점에 페이스북은 매달 약 28억 명의 사용자가 접속한다. 또한 미디어의 중심이 된 유튜브는 매달 약 20억 명의 사용자가 접속한다. 사용자 수뿐만 아니라 그들이 이 플랫폼과 그 외의 사이버 공간에서 사용하는 시간을 계산해 본다면 정말 천문학적인 숫자가 나올 것이다.

이와 같이 오늘날에는 많은 사람이 온라인을 통해, 온라인과 더불어 삶을 살아가고 있기 때문에 교회의 모습이 그곳에 나타나야 하고 교회 사역도 온라인에서 이루어져야 한다.

교회를 헬라어로 '에클레시아'라고 하는데, 이 단어의 뜻은 '부르심을 받은 자들의 모임'이다. **예수님의 부르심을 받은 자들의 모임이 '교회'라고 한다면, 사람들이 모이는 온라인을 통해 사역이 펼쳐지는 것은 자연스러운 일이다.** 오히려 온라인에 사람들이 모여 있다는 것을 인식하고 발 빨리 그곳에서 사역을 시작해야 한다.

디지털 시대를 살아가는 사람들이 온라인에서 많은 시간을 보낸다는 것만으로도 교회가 온라인 사역을 기획하고 시작해야 할 이유가 되지만 또 하나, 다음 세대를 위해서 온라인 사역은 시급한 과제다.

한국 교회가 100년이라는 짧은 기독교 역사 동안 깊고 넓게 뿌리 내릴 수 있었던 이유는 현세대가 다음 세대를 위해 헌신해 왔기 때문이다. 그래서 현세대의 신앙이 다음 세대로 잘 이어져 왔다. 하지만 오늘날 한국 교회에서는 다음 세대들이 점점 교회를 떠나고 있다. 다음 세대가 교회를 떠나는 문제를 온라인 사역이 모두 해결할 수는 없지만, 하나의 해결책은 될 수 있다. 온라인은 다음 세대와 교회의 연결고리가 될 수 있기 때문이다.

온라인은 다음 세대와 교회의 연결고리다.

다음 세대의 삶은 모든 측면이 디지털화되어 있다. 특히 코로나 시대에 자란 아이들은 수업까지 비대면으로 하며 온라인과 오프라인이 자연스럽게 맞물리는 삶을 살고 있다. 공부, 친구, 관계, 취미 등 삶의 전반을 온라인으로 꾸려 나가고 있는 아이들에게 "교회는 온라인으로 경험할 수 없는 곳이야"라고 말하면 그들에게는 문화 단절이고 충격일 것이다. 온라인으로 모든 것을 할 수 없다는 것은 그들도 알지만, 온라인으로 아무것도 할 수 없다는 말은 이해하지 못할 것이다.

온라인 사역을 지금 시작해야 하는 이유는 온라인 사역의 완성품을 보기 위해서가 아니고, 우리가 시작한 온라인 사역을 통해 다음 세대가 더욱 멋지게 신앙을 펼쳐 나갈 수 있게 하기 위해서이다.

온라인 사역은 현세대에게 잘 이해가 되지 않고 불편한 사역이다. 온라인보다 오프라인이 편하다. 하지만 온라인이 훨씬 친숙한 다음 세대에게 온라인 사역은 분명 미래 사역 모델의 발판이 될 것이다.

지금은 인공지능(Artificial Intelligence), 가상현실(Virtual

Reality), 메타버스(MetaVerse)가 뜨겁게 논의되는 상황이다. 분명히 10년, 20년 후의 교회 사역의 모습도 많이 달라질 것이다. 그러므로 오늘날 교회가 미래 사역의 발판으로 온라인 사역을 품어야 한다. 다음 세대를 생각할 때 온라인 사역은 대안이 아니라 꼭 필요한 사역이다.

◦ 온라인 사역의 정의 ◦

온라인 사역에 대해 이야기하다 보면 많은 사람이 '온라인'이라는 단어에 먼저 집중한다. 워낙 현재 온라인 사역 붐이 일어나고 있고, 또 새로운 교회 사역의 모델이기에 그런 것 같다. 하지만 그보다 중요한 단어는 그 뒤에 있다. 바로 '사역'이 중요하다는 것이다. 영어로 봐도 'ONLINE MINISTRY'이다. 'Online'은 형용사이고, 'Ministry'가 명사이다. 따라서 온라인 사역의 정의를 내리기 위해서는 '사역'이라는 단어에서부터 시작해야 한다.

사역의 궁극적인 목적은, 한 영혼이 예수님을 만나고 예수님을 닮아가는 여정을 돕는 것이라 할 수 있다. 그렇다면 온라인 사역은 그 도움을 온라인이라는 통로를 통해 주는 것이다. 때문에 온라인 사역의 모습은 각 교회의 목적에 따라 굉장히 다를 수 있다.

◦ 온라인 사역의 목적 ◦

온라인 사역은 교회 안의 사역이기 때문에 궁극적으로 교회의 목적을 이루어야 한다. 내가 섬기는 새들백교회의 목적은 성도로 하여금 '목적이 이끄는 삶을 살게 하는 것'이다. '목적이 이끄는 삶'은 베스트셀러이기 전에 교회의 목회 철학이다.

그리고 릭 워렌(Rick Warren) 목사는, 모든 교회의 목적은 예수님의 대계명과 대사명에 나타난 다섯 가지라고 말한다. 그것은 예배, 친교, 섬김/사역, 성숙/제자화, 전도/선교이다. 그렇기에 새들백교회 온라인 사역의 목적은 새들백교회 성도들이 이 다섯 가지의 목적을 삶 속에서 실천할 수 있도록 온라인을 통해 돕는 것이다.

많은 사람이 온라인 사역은 별도의 목적을 갖고 있다

고 오해한다. 그중 하나가 인터넷은 젊은이들이 많이 사용하니 젊은이들을 교회로 불러 모으기 위한 수단이라는 오해다. 이러한 오해 때문에 온라인 사역을 하는 사역자들에 대한 오해도 생긴다. 교회와 관련된 사역은 안 하고 소셜 미디어 팔로워 수를 늘리는 것, 기독교 콘텐츠를 만드는 것, 유튜브/인스타그램 등을 통해서 유명세를 타는 것이 그들의 일이라고 오해하고 있다.

하지만 온라인 사역은 별도의 목적을 갖고 있지 않다. 온라인 사역은 교회의 목적을 실천하는 것이 최우선이어야 한다. 만일 교회의 목적이 성도의 제자화라면, 그 교회의 온라인 사역은 온라인을 통해 성도가 그리스도의 제자로 살 수 있도록 도와야 한다. 교회의 목적이 선교라면, 그 교회의 온라인 사역은 온라인을 통해 성도가 선교에 적극적으로 동참할 수 있도록 도와야 한다. 온라인 사역의 궁극적인 목적은, 우리 교회의 목적을 온라인을 통해 이루어 내는 것이다.

언젠가 한국 교회의 한 목사님과 온라인 사역의 목적에 대해서 카카오톡 메시지를 주고받은 적이 있다.

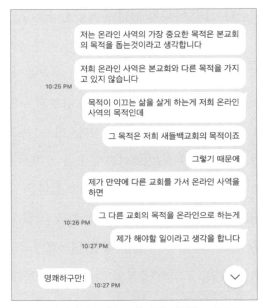

저는 온라인 사역의 가장 중요한 목적은 본교회의 목적을 돕는것이라고 생각합니다

저희 온라인 사역은 본교회와 다른 목적을 가지고 있지 않습니다

10:25 PM

목적이 이끄는 삶을 살게 하는게 저희 온라인 사역의 목적인데

그 목적은 저희 새들백교회의 목적이죠

그렇기 때문에

제가 만약에 다른 교회를 가서 온라인 사역을 하면

그 다른 교회의 목적을 온라인으로 하는게

10:26 PM

제가 해야할 일이라고 생각을 합니다

10:27 PM

명쾌하구만! 10:27 PM

온라인 사역의 목적은 교회의 목적을 돕는 것이다.

대화 내용에서 말했듯이 온라인 사역은 온라인 사역만의 목적을 갖고 있지 않다. 한 교회의 청소년부서가 청소년들을 그 교회의 목적에 맞춰 양육하는 것처럼, 한 교회의 온라인 사역은 그 교회의 목적대로 성도를 섬기는 것이다.

미국 교회들의 사명 선언문을 통해 각 교회 온라인 사

역팀의 목적을 살펴보자. 먼저 새들백교회의 사명 선언문을 보자.

> "To bring people to Jesus and membership(친교) in His family, develop them to Christ-like maturity(제자화), and equip them for their ministry(섬김/봉사) in the church and their life mission(전도/선교) in the world, in order to magnify(예배) God's name."

위에 밑줄 친 'M'으로 시작되는 단어들을 보면 새들백교회의 목적을 알 수 있다. 이 다섯 가지를 온라인 사역팀도 이루고자 한다. 온라인 예배를 통해 예배(magnification)를 드리도록 돕고, 온라인 소그룹을 통해 친교(membership)를 돕고, 온라인 훈련반을 통해 성도의 신앙 성숙(maturity)을 도우며, 하나님께 받은 은사를 통해 온라인 사역(ministry)을 감당하고 각자의 삶에서 복음 전하는 자의 사명(mission)을 다하게 돕는 것이 새들백교회 온라인 사역팀의 목적이다.

또 다른 예로 노스캐롤라이나주에 있는 엘리베이션 교회(스티브 퍼틱 목사)의 사명 선언문을 보자.

"Elevation Church exists so that people far from God will be raised to life in Christ."

엘리베이션교회의 목적은, 하나님과 멀리 떨어져 있는 사람을 그리스도 안에 있는 새생명으로 옮기는 것이다. 그러므로 이 교회의 온라인 사역팀은 인터넷, 소셜 미디어, 유튜브 등을 통해 하나님과 멀리 떨어져 있는 사람들을 그리스도 안에 있는 새로운 생명으로 옮기기 위한 사역들을 진행한다.

두 교회만 봐도 온라인 사역의 목적이 다르다는 것을 알 수 있다. 그 이유는 교회의 비전이 다르기 때문이다. 이와 같이 온라인 사역의 목적은 하나로 통합하기보다 각 교회의 목적을 이루는 하나의 통로로 보아야 한다. 그렇다면 내가 속해 있는 교회의 목적은 무엇이고, 온라인으로 이 목적을 이루어 가려면 무엇부터 해야 하는가?

◦ 우리 교회의 목적은 무엇인가?

◦ 우리 교회의 온라인 사역 활성화를 위해 최우선으로 전환되어야 할 사역은 무엇인가?

02

온라인 사역,
어떻게 이루어질까?

: 교회를 돕는 핫라인 '온라인'

많은 전문가가 코로나 바이러스는 한 시대를 휩쓸고 종식되는 팬데믹이 아니라 독감과 같이 이 시대 사람들과 함께 살아갈 엔데믹(Endemic)이라고 말한다. 또한 앞으로 다른 많은 전염병이 나타날 것으로 예상하고 있다. 그렇다면 교회는 '예배당에 다 같이 모여 예배드릴 날이 언제 올까'를 기다리기보다, 이러한 상황이 지속될 경우에도 그리스도인들이 그리스도의 빛을 발하며 살 수 있는 구조와 사역을 만들어 가야 한다.

지금까지의 교회는 집중형(Centralized) 모델로 자라

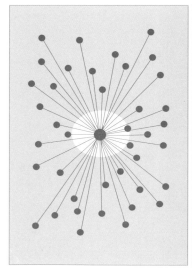
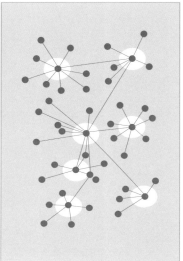

교회 집중형 모델　　　　　　　　　교회 분산형 모델

왔다. 한 지역에 교회를 세우고 사람들이 집중적으
로 모이는 형태다. 그러나 앞으로의 교회 모습은 분
산형(Decentralized) 모델이 될 것이다. 즉 흩어지는 교회
(Decentralized Church)가 될 것이다. '흩어지는 교회'는 예배
자들이 서 있는 곳이 교회가 되는 형태다.

새들백교회의 다섯 가지 목적이 온라인 사역을 통해 어떻게 성취되는지, 또 흩어지는 교회의 모습을 어떻게 나타내는지 살펴보자.

먼저 소그룹으로 함께 모여 (혹은 성도 혼자) 온라인 예배를 드린다. 온라인 예배에서 선포되는 설교를 통해 교회의 첫 번째 목적인 '말씀'이 성취된다. 물론 일주일에 한 번 듣는 온라인 설교를 통해 말씀의 기능이 온전히 채워진다고 말할 수는 없을 것이다. 골로새서 3장 16절의 "그리스도의 말씀이 너희 속에 풍성히 거하여"와 같은 말씀의 풍성함을 누리기 위해서 필요한 것이 바로 교회의 두 번째 목적인 '교제'이다.

지금까지 성도들 간의 교제는 교회 건물 중심으로 이루어졌다. 말씀을 잘 전하시는 목사님의 설교를 듣기 위해 매주 차로 2시간 거리를 다니는 이들도 있다. 이런 모델을 비하하는 것은 결코 아니다. 미래에는 건물이 중심이 되는 교제가 아니라, 교인이 있는 곳 중심으로 교제가 이루어질 것이라는 말이다. 지역에서 소그룹으로 모여, 온라인 예배를 통해 들은 말씀이 자기 삶에 어떻게 적용되는지 나누면서 교제의 목적을 이룬다.

온라인 사역에 관한 강의를 하다 보면 '온라인으로 어떻게 교회 소속감을 갖게 할 수 있을까요?'라는 질문을 많이 듣는다. 소속감은 교회에 갖게 하기보다 서로에게 갖게 하는 것이 중요하다. 이런 소속감을 나타내는 단어가 '책임, 의무'인데, 서로 간에 상호작용 하는 책임감(accountability)을 말한다. 내가 상대방의 삶에 어느 정도 책임을 느끼는 것이다. 내 마음대로 살아가는 것이 아니라, 말씀이 중심이 되어 서로가 서로에게 책임 의식을 갖고 살아가는 교제의 모습이다.

흩어지는 교회의 교제에서 가장 중요한 것이 이런 책임감이다. 서로가 서로의 삶에 대해 책임감을 갖고, 필요할 때 용기를 주고, 슬플 때 위로를 주고, 잘못된 길로 갈 때는 쓴소리도 할 수 있는 관계가 교제의 열쇠이다. 많은 사람이 용기와 위로를 주는 것까지는 이해하고 또 원하지만, 쓴소리를 들으면 '웬 참견이야'라고 생각한다. 이것이 세상이 말하는 교제와 성경이 말하는 교제의 차이다.

말하기 힘들고 듣고 싶지 않아도, 사랑하기 때문에 꼭 필요한 말을 할 수 있는 소그룹 모델이 생겨나야 한다.

말씀이 중심이 되고 서로가 서로의 삶에 연결되어 살아가게 되면, 삶이 신앙 성숙(제자훈련)의 장이 된다. 신앙의 진정한 성숙은, 삶에서 겪는 고통과 어려움, 혹은 믿음이 필요한 상황들에 어떻게 반응하고 대처하는지에 따라 이루어진다. 어려운 상황 가운데 있을 때 소그룹이 함께 도와 예수님을 닮아 가도록 하는 것이 가장 효과적인 제자훈련이다. 이러한 제자훈련이 소그룹별로 진행되면 말씀은 더욱더 힘을 발한다.

특히 다음 세대가 말씀을 접하지 않는 이유 중 하나가, 말씀이 자기 삶과 관련 없다고 생각하기 때문이다. 이천 년 전 중동 지역에서 집필된 문서가 현대 사회를 살고 있는 자기 삶에 도움이 되지 않는다고 생각하기 때문에 성경을 찾지 않는 것이다. 이런 다음 세대에게, 삶에서 일어나는 일들에 대한 하나님의 말씀과 그 말씀에 순종했을 때 약속하신 열매들을 보여 주면 '말씀이 내 삶에 유익하구나'라는 생각을 갖게 될 것이다. 이는 흩어지는 교회 모델에서 믿음의 성숙을 이룰 수 있는 길이다.

소그룹이 함께 제자화를 도울 수 있는 온라인 제자훈련 커리큘럼을 만드는 것도 권한다. '온라인으로 과연 제자훈련이 될까?'라고 생각할 수도 있지만, 젊은 세대와 다음 세대에게 온라인 교육은 이미 자연스러운 배움의 통로이다. 온라인 교육 산업과 이를 돕는 플랫폼들, 여러 방법들은 빠르게 발전할 것이다. 온라인 제자훈련 커리큘럼을 만드는 것을 강력 추천한다.

◦ 흩어지는 교회의 섬김과 봉사 ◦

교회의 네 번째 요소인 섬김과 봉사는 교회 건물 중심의 집중형 모델일 때 어떻게 나타났는지 한번 생각해 보자. 대부분 교인이 교회에서 봉사하는 형태였을 것이다. 은사 발견, 사역반 등을 통하여 교인들을 교회 사역에 어떻게 동참시킬 것인지가 목회자의 최대 관심이었을지도 모른다. 하지만 흩어지는 교회가 되면 섬김과 봉사의 모습은 180도 바뀐다. 교인들이 속한 지역을 섬기는 모습으로 바뀌게 된다. 그들이 속한 소그룹이 함께 지역을 섬기는 모습이 될 것이다. 성도가 갖고 있는 은사로 교회를 돕는 것이 아니라 그가 속해 있는 지역의 필요를 채우는 모습이 될 것이다.

새들백교회 온라인 캠퍼스에서도 섬김과 봉사에 대해서 늘 말하는데, 우리 교회를 섬기라고 하지 않고 '당신이 속한 지역의 필요를 채워 주세요'라고 끊임없이 말하고 있다. 교회를 섬기는 봉사가 익숙한 성도들에게는 반복해서 이야기해야 조금씩 적용하긴 하지만, 이를 통해 교인들은 참된 보람을 느끼며 많은 열매를 맺고 있다. '이게 가능할까?'라는 의문이 생긴다면 다음 간증들을 읽어 보라.

콜로라도 지역에서 모이고 있는 새들백 소그룹의 일원이, 자신이 알고 있는 미혼모가 자녀를 키우며 힘들어한다는 이야기를 소그룹에게 전했다. 그 미혼모는 어린 자녀를 집에 두고 나가서 일을 해야만 살아갈 수 있는 어려운 상황이었다.

콜로라도 소그룹은 미혼모를 어떻게 도울 수 있을까 고민하다가, 미혼모의 허락을 받고 자녀를 위한 작은 선물과 페인트와 공구를 들고 집으로 찾아갔다. 그들은 집을 새롭게 페인트칠을 해 주고 고장난 것들을 고쳐 주고 선물을 전해 주고 왔다. 이들의 섬김이 교회에 직접적인 도움이 되었는가? 아니다. 하지만 한 영혼의 삶에 지울 수 없는 영향을 끼치고 왔다. 그 자녀는 예수님의 사랑을 처음 느꼈을지도 모른다.

또 노스캐롤라이나 지역에 허리케인이 닥쳐 홍수가 나고 온 도시가 물에 잠겼을 때의 일이다. 내가 담당하던 소그룹 리더가 그 지역에 살고 있어 걱정이 되었다. 그러나 연락이 되었을 때 나는 예상치 못한 이야기를 들었다. "케빈, 이 어려움 가운데서 오로지 내가 생각한 것은 '내가 이 지역에서 어떻게 그리스도의 빛이 될 수 있을까'였어요. 나는 물에 잠긴 이 지역을 돕기 위해 남편과 함께 음식을 나눠 주고 힘들어하는 사람들을 위해 기도해 주고 왔어요."

내가 물어보지 않았으면 이 리더는 아무 말도 안 했을

것이다. 나는 걱정돼서 연락한 것인데, 이 성도는 지역의 고통과 아픔을 치료하는 사역에 열중하고 있었다.

흩어지는 교회에서 사역과 봉사의 핵심은, 지역별로 모인 소그룹들이 어떻게 하면 '교회의 빛을 발할 수 있을까'가 아니라 '그리스도의 빛을 발할 수 있을까'를 고민하는 것이다. 이를 통해 교회의 네 번째 기능인 섬김과 봉사까지도 감당하는 모습이 나타날 것이다.

◦ 흩어지는 교회의 전도와 선교 ◦

흩어지는 교회는 소그룹이 중심이기 때문에 전도의 개념과 방식도 달라진다. 삶에서 역동적으로 나타나는 말씀의 능력과 성령의 열매로 성도가 변화되고, 이를 주위 사람들이 목격해야 한다. "너희가 서로 사랑하면 이로써 모든 사람이 너희가 내 제자인 줄 알리라"(요 13:35)는 말씀처럼, 서로가 서로를 사랑하는 모습을 보면서 주위 사람들이 그 비밀을 궁금해해야 한다.

"…너희 속에 있는 소망에 관한 이유를 묻는 자에게

는 대답할 것을 항상 준비하되…"(벧전 3:15)라는 말씀과 같이, 절망 가운데서도 흔들리지 않는 소망의 비결을 물어보는 일들이 일어나야 한다. 그때 우리는 예수 그리스도를 전하고 교회를 소개할 수 있을 것이다.

미국에서는 교회로 초대하기 전에 소그룹으로 먼저 초대하여 소그룹 구성원들과 친해진 후 교회로 오는 경우가 많다. 한국은 이단에 대한 염려 때문에 집에서 만나는 모임을 의심하고 기피하는 경향이 있다는 것을 알고 있다. 미국에서도 아무나 초대하는 것이 아니라 직장 동료나 이미 잘 알고 있는 친구를 초대한다. 이러한 관계는 이미 신뢰가 있기 때문에 이단에 대한 염려가 줄어든다.

또 다른 전도의 방법은 운동, 특별한 취미, 관심사 모임을 통해 소그룹 구성원들을 소개하고 관계를 세워 가는 것이다. 가장 중요한 것은 서로 신뢰하는 관계를 세우는 것인데, '전도를 하기 위한 관계 세움'이 아니라 '대상자를 사랑하는 마음에서 나오는 관계 세움'이 되어야 한다. 전도는 '교회에 한번 와 봐' 하고 끝나는 것이 아니다. 그리스도를 모르고 살아가는 이로 하여금 그리스도를 알게 하고, 삶의 변화가 일어나는 과정을 소그룹이 함께 해 주는 것이다.

그렇다면 흩어지는 교회 모델에서 선교는 어떻게 이루어질까? 여러 가지 방법들이 있겠지만 미국 교회에서 여러 차례 목격한 것은, 소그룹이 교회 혹은 선교 단체와 파트너십을 이루어 선교하는 모습이다. 선교 단체에는 도움이 필요한 아이를 재정으로 후원하는 프로그램이 있다. 한 아이 혹은 여러 명의 아이를 소그룹이 함께 후원하면서 삶이 변해 가는 것을 목격한다면 그 소그룹이 얼마나 큰 기쁨을 누리겠는가?

물론 성도가 지역 교회에 등록되어 있다면 교회를 통해 또 교회와 함께 선교 사역에 동참하는 것을 권장한다. 하지만 새로운 미래에는 흩어지는 교회로서의 소그룹이 선교 단체를 통해 선교에 동참하는 것도 충분히 가능하다고 본다.

소그룹별로 단기 선교를 다녀올 수도 있다. 물론 가족이 함께 혹은 여러 부부가 함께 선교를 다녀오는 것이 얼마나 힘든 일인지 안다. 하지만 삶을 나누고 신앙을 함께 키우는 데 소그룹의 초점이 맞춰져 있으면 이러한 일들이 진행될 수 있다.

흩어진 소그룹이 중심이 되는 미래 교회의 가장 큰 개념은, 소그룹이 영적 가족이라는 점이다. 가족과 함께 휴가를 갖고 여행을 가듯이, 영적 가족을 이루는 소그룹/교회와 함께 선교하는 것이다. 소그룹이 하나 되어 전도와 선교에 힘쓰면, 사도행전 2장 47절 말씀과 같이 "주께서 구원 받는 사람을 날마다 더하게" 하실 줄 믿는다.

∘ 우리 교회가 생각하는 소그룹의 정의와 목표는 무엇인가? 이 정
의와 목표를 온라인 소그룹으로 어떻게 펼칠 수 있을까?

∘ 흩어지는 소그룹의 형성과 성장을 돕기 위해 우리 교회가 온라
인으로 제공할 수 있는 교육/훈련은 무엇이 있을까?

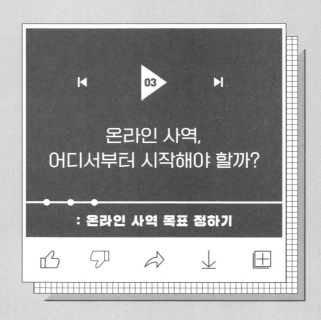

03

온라인 사역,
어디서부터 시작해야 할까?

: 온라인 사역 목표 정하기

온라인 사역의 중요성을 알았다면, 이제 온라인 사역을 어디서부터 시작해야 하는지 살펴보자. 먼저, 온라인 사역을 시작할 때 중요한 것은 온라인 사역팀을 꾸리는 것이다.

온라인 사역자도 없는데 온라인 사역팀을 꾸리는 것이 너무 어려워 보일 수도 있지만, 여기서 말하는 온라인 사역팀은 최소한의 담당 사역자와 담임목사(또는 선임 목사) 그리고 당회를 이야기한다. 하버드대 명예교수인 존 코터(John Cotter)는 기업과 조직이 새로운 시스템

혹은 문화를 들여오려 할 때 실패하는 8가지 이유 중 하나를 "그 변화를 시행하는 팀이 뚜렷하지 않아서"라고 말한다.

◦ **온라인 사역팀 꾸리기** ◦

현재 수많은 교회가 변화를 시도하고 있다. 특히 젊은 사역자들이 온라인 사역의 중요성과 긴급성을 느껴 교회에서 사역을 펼쳐 보려 하는데, 담임목사와 당회원들의 반대로 막혀 버릴 때가 많다.

또 담임목사가 허락해 주면서 "필요한 것은 무엇이든지 해 봐라"고 이야기하지만, 사실 허락만 받았다고 해서 부교역자가 온라인 사역의 전환을 일으키기는 어렵다. 교회 안의 리더십 중 담임목사나 결정권을 갖고 있는 선임 목사가 담당 사역자와 한 팀을 이루어 사역을 이끌어도 될까 말까이기 때문이다.

혹시 이 글을 읽는 독자들 중에 담임목사와 당회원이 있다면 1장과 2장 내용을 통해 설득되기를 소망한다. 한편 이 글을 읽는 이가 온라인 사역팀을 담당하고 있는 부교역자라면 담임목사와 당회원의 신임을 얻는 게 중요하다고 생각한다.

담임목사와 당회원의 신임을 얻고 온라인 사역을 시작하려면, 온라인 사역의 목적이 교회의 목적을 이루기 위한 것임을 정확히 전달해야 한다. 온라인 사역이 담당자의 유명세를 키우기 위해서가 아니고, 그저 교회를 알리려고 하는 것도 아니며, 교회의 존재 목적과 목회 철학을 온라인상에서 펼치기 위해서라는 사실을 명확하게 강조하고 전달해야 한다.

예를 들어 제자훈련이 교회의 대표 사역이라면 온라인 사역팀은 다른 것을 하는 게 아니라 제자훈련을 해야 한다. 선교가 교회의 대표 가치라면 온라인 사역팀은 선교를 해야 한다. 이렇게 담임목사와 온라인 사역자가 뚜렷한 목적을 가지고 시작한다면 그 사역을 반대할 담임목사와 당회는 분명 거의 없을 것이다.

온라인 사역에 대한 허락을 받은 이후에도 정기적인 소통이 필요하다. 온라인 사역에 할애하는 시간이 교회의 목적을 이루는 데 어떻게 도움이 되고 있는지 담임목사와 당회에 알려야 한다. 전임 사역자라면 매주, 준전임 사역자라면 2주에 한 번, 파트타임 사역자라면 한 달에 한 번, 담임목사와의 자리 또는 전체 사역자 회의에서 온라인 사역이 어떻게 진행되고 있는지 알리는 것이 필요하다.

○ 온라인 사역의 지표 ○

원활한 커뮤니케이션을 위해서 K.P.I(Key Performance Indicator, 핵심성과지표)를 세우는 것이 중요하다. K.P.I.는 경영 용어로 회사가 기획한 것이 잘 진행되고 있는지 보여주는 지표이다. 예를 들어 교회의 K.P.I는 교회가 추구하는 사역 방향에 따라 다양하게 나타날 수 있다. 세례/입교를 하였는가, 소그룹에 참여하고 있는가, 리더가 되었는가 등이 될 수 있다. 그러면 이것들이 온라인 예배에서 어떻게 진행되고 있는지 담임목사와 당회에 전달하는 것이 필요하다.

물론 수치와 통계를 내는 것에 거부감이 들 수도 있고, 그것이 전부는 아니지만 K.P.I.는 교회의 목적을 이루기 위해 어떤 방법으로 온라인 사역을 이어 갈 것인지를 구체적으로 고민하는 과정이기도 하다. 온라인 사역에 앞서 우선적으로 이루어져야 하는 것이 목표를 정하고 교회에 정기적으로 공유하는 것이므로 K.P.I.를 잘 설정해야 한다.

새들백교회의 '예배, 친교, 전도/선교, 제자훈련, 섬김/봉사'라는 다섯 가지 목적에는 각각 K.P.I.가 있다. 나는 소그룹 담당 목사로서 소그룹의 K.P.I.를 한 달에 한 번씩 보고한다. 지난 한 달 동안 새롭게 시작한 소그룹이 얼마나 있는지, 기초반 과정을 마친 사람들이 몇 명인지, 소그룹 리더 훈련반을 마친 사람들은 몇 명인지, 그 달까지 온라인 소그룹이 총 몇 개인지 등의 내용들이 보고서에 들어 있다.

이외에도 중요한 사항들이 많을 것이다. 교회 소셜 미디어 게시물에 달린 "좋아요" 숫자나 콘텐츠가 공유된 숫자 등도 있겠지만, 이것은 나와 선임 목사가 정한 K.P.I.가 아니다. 그것은 우리 핵심 사역의 성과를 보여 주는 지표라고 판단하지 않았기 때문이다. 이와 같이 담임목사와 당회 안에서 서로 동의하는 온라인 사역의 K.P.I.를 정하고 그것을 정기적으로 보고하면 온라인 사역이 점점 힘을 얻게 될 것이다.

'우리 교회의 핵심 가치는 무엇일까?'를 먼저 고민해 보라. 교회가 이미 세워 놓은 K.P.I.가 있을 것이다. 가장 쉽게 알 수 있는 방법은, 교회의 사명 선언문을 살펴보고 담임목사님이 자주 이야기하는 예들을 주의 깊게 듣는 것이다. 그러면 반복해서 등장하는 요소들이 있을 것이다. 세례자 수, 훈련반 참여자 수, 선교 후원자 수, 소그룹 리더 수 등 각 교회마다 중요하게 생각하는 요소들이 이미 교회 안에 드러나고 있을 것이다. 그것이 K.P.I.이다.

온라인 사역자는 교회의 K.P.I.를 파악하고, 그것을 담임목사 또는 당회와의 대화에서 기반으로 삼아 이야기해야 한다.

∘ 우리 교회의 K.P.I.는 무엇인가? 담임목사님이 가장 많이 이야기하
  시는 숫자와 간증의 내용은 무엇인가?

∘ 이에 맞는 온라인 K.P.I.는 무엇이 될 수 있을까? (바로 이 K.P.I.가
  온라인 사역을 하면서 매주 돌아봐야 하는 것들이다)

∘ 나와 함께 온라인 사역을 이끌어 갈 수 있는 동역자가 누가 있을
  까? 평신도(학생) 중에서 함께할 수 있는 이가 있을까?

👍 _ 온라인 사역 Tip 1

◦ **온라인 사역을 시작하기 전에 사역의 필요성을 점검한다**

　- 온라인에 사람들이 모여 있다. 예수님의 부르심을 받은 자들의 모임
　　이 '교회'라면, 사람들이 모이는 온라인을 통해 사역이 펼쳐지는 것
　　은 자연스러운 일이다.

　- 온라인은 교회와 다음 세대의 연결고리가 될 수 있다.

◦ **온라인 사역의 방향성과 교회의 목적을 파악한다**

　- 온라인 사역은 교회의 목적을 실천하는 것이 최우선이다. 교회의 목
　　적에 따라 온라인 사역의 방향도 달라진다. 내가 섬기는 교회의 목
　　적은 무엇이고, 온라인으로 목적을 이루어 가려면 무엇부터 시작해
　　야 하는지 점검하라.

　- 온라인 사역이 교회의 목적을 이루기 위한 사역임을 담임목사와 교
　　회 리더들에게 정확하게 전달하고 정기적으로 소통해야 한다.

　- 원활한 소통을 위해 K.P.I.를 세워야 한다. '우리 교회의 핵심 가치가
　　무엇일까'를 생각하며 K.P.I.를 파악하라.

- **'흩어지는 교회'에서 핵심은 소그룹이다**
  - 온라인 사역은 '흩어지는 교회' 모습으로 나타난다. '흩어지는 교회' 는 예배자들이 서 있는 곳이 곧 교회가 되는 형태다.
  - 소속감은 교회에 갖게 하기보다 서로에게 갖게 하는 것이 중요하다.
  - 지역별로 모인 소그룹들이 '어떻게 하면 교회의 빛을 발할 수 있을 까'가 아니라 서 있는 자리에서 '어떻게 하면 그리스도의 빛을 발할 수 있을까'를 고민해야 한다.

04

스크린 너머 예배자들을
생각하자

: '관람'에서 '참여'가 되는 순간

누구에게 물어봐도 예배는 교회의 본질이고 주요 사역이다. 그렇다면 지난 이천 년 동안 오프라인으로만 드렸던 예배의 모습이 온라인으로 전환될 수 있을까?

현재 전 세계를 덮친 코로나 바이러스로 인해 많은 교회가 "온라인 예배도 정당한 예배다"라고 성도들에게 전했다. 그렇다면 코로나 바이러스가 종식된 후에 온라인으로 예배드리는 이들에게 교회는 뭐라고 말할 수 있을까? 우리는 이것에 대비해야 한다.

예배를 녹화 방송이나 생방송으로 송출하는 교회가

가장 중요하게 생각해야 하는 사실은 성도들이 스크린
으로 예배를 드린다는 점이다.

예배자의 환경이 예배당에서 안방으로 변화했는데
예배는 오프라인 예배와 똑같이 송출된다면 예배자는
단절감을 느낄 것이다. 아무리 신실한 예배자여도 단절
감을 느낄 것이고, 이를 억제하며 예배를 드리려 노력할
것이다. 교회는 온라인 예배 시에 예배자가 이런 단절감
을 느끼지 않게 도와야 한다.

◦ 온라인 예배 구성 방식 ◦

예배자가 이런 단절감을 느끼지 않게 교회가 도울 수 있
는 방법이 있다. 온라인 예배를 준비하고 송출할 때, 항
상 예배자의 환경을 생각하고 온라인 예배자들을 인정
하는 것이다. 이들을 도울 수 있는 온라인 예배 구성 방
식을 살펴보자.

1. 환영(Introduction/Acknowledgment)

2. 예배로의 부름(Call to Worship)

3. 찬양(Praise)

4. 설교(Sermon/Message)

5. 행동으로의 부름(Call to Action)

　　- 커넥션 카드(Connection/Response Card)

　　- 헌금(offering)

　　- 광고(Announcement)

환영

　예배는 온라인 예배자들을 환영하는 인사로 시작한다. 온라인 예배의 환영 인사는 인사말을 전하는 것보다 훨씬 중요한 의미가 있다. 사회자가 카메라를 보고 온라인 예배자들을 환영할 때 스크린 앞의 예배자들은 인정받는 느낌을 갖는다.

　온라인으로 예배를 드리는 이들의 마음에는 여전히 어색함이 있다. 죄책감을 가지고 있을 수도 있다. 그렇게 마음이 편치 않은 이들에게 환영 인사를 건네면서 인정해 주면, 예배자의 마음이 열리고 부드러워진다. 환영 인사가 길 필요는 없지만 예배에 참석한 이들의 마음을 열어 주는 역할을 해야 한다.

예시 : "오늘도 ○○교회의 예배를 온라인으로 드리시는 여러분을 주님의 이름으로 환영합니다."

찬양

환영 인사 후에 찬양이 시작된다. 찬양을 통해 예배자들의 마음이 온전히 하나님을 경배할 수 있도록 인도해야 한다. 찬양을 인도하는 이가 명심해야 할 것 중 하나는, 멘트를 할 때 카메라를 보고 하는 것이다.

우리는 관람하는 태도로 스크린을 대하는 것이 익숙하기 때문에, 조금이라도 '나는 오프라인 예배 방송을 보고 있다'는 생각이 들면 예배를 드리기보다 예배를 관람하는 자세에 빠지기 쉽다. 찬양 인도자가 각 가정에서 예배드리고 있을 온라인 예배자들을 생각하며 카메라를 응시하고 인도해 주면, 분명히 관람하는 환경이 아닌 참여하는 예배 환경이 조성될 것이다.

설교

찬양 이후에는 설교가 이어진다. 설교자는 온라인 예배자들을 생각하며 말씀을 전해야 한다. 라이프교회의 크레이그 그로쉘(Craig Groeschel) 목사님을 예로 들 수 있다. 이분의 설교 영상을 유튜브로 보길 추천한다. 그 교회는 오프라인 예배 영상을 송출하지만, 그로쉘 목사님은 상당 시간 카메라를 보며 말씀을 전한다. 그가 온라인 예배자를 생각하고 있다는 증거다.

설교자가 카메라를 응시하고 말씀을 전하면, 스크린 너머에서 예배드리는 이들은 '우리 목사님이 나에게 말씀하고 계시는구나' 생각하게 된다. 물론 설교자들은 카메라 렌즈를 보며 말씀을 전하는 것이 어색할 것이다. 커뮤니케이션은 목소리뿐만 아니라 제스처와 함께 전달될 때 효과적인데 카메라의 한정적인 틀 안에 제스처까지 담기에는 어려움이 따르기 때문이다.

그렇다면 이처럼 제한적으로 느껴지는 새로운 설교 전달 방식은 설교자에게 무엇을 요구할까? 최근 많은 설교가 녹화로 진행되면서 나타난 두 가지 변화가 있다. 첫째는 설교 길이가 짧아졌다는 것이다. 오프라인으로 설교할 때와 달리 온라인으로 설교를 녹화할 때는 준비한 설교 원고에서 거의 엇나가지 않는다. 원고에 충실하다 보니 길이도 짧아진다.

대표적으로 새들백교회의 릭 워렌 목사가 있다. 그의 탁월함은 비기독교인도 이해하기 쉽게 설교한다는 점이다. 코로나 이전에 그의 대면 설교는 평균 50-55분, 때로는 한 시간이 넘기도 했다. 하지만 코로나 이후 모든 설교를 녹화하면서 설교 시간이 40분 정도로 줄어들었다. 거의 1/3의 시간을 단축한 셈이다. 설교 길이는 짧아졌지만 그 내용의 깊이는 전혀 줄지 않았다. 이는 두 번째 변화 때문이 아닐까 생각한다.

둘째는 많은 설교자가 프롬프터를 사용해 설교한다는 것이다. 물론 '프롬프터로 원고를 읽는 것이 부자연스럽지 않을까' 의문이 들 수 있다.

미국의 대표적인 설교자인 노스포인트교회의 앤디 스탠리(Andy Stanley) 목사는 원고 없이 설교하는 설교자로 유명하다. 나는 코로나로 인해 대면 예배가 비대면 예배로 바뀌어도 스탠리 목사는 프롬프터를 사용하지 않을 것이라 생각했다. 하지만 얼마 전 그의 인터뷰를 보니, 코로나로 인해 설교를 녹화하고 있는데, 모든 설교를 프롬프터를 통해 원고를 읽으면서 하고 있다고 밝혔다. 그뿐만 아니라 릭 워렌 목사도 원고 없이 자연스럽게 설교하는 것으로 유명했다. 하지만 그도 온라인 설교로 넘어가면서부터 프롬프터로 원고를 읽으며 말씀을 전하고 있다.

이 변화들은 온라인 설교의 중요한 열쇠를 담고 있다. 바로 온라인 설교는 더욱 정확한 표현과 확실한 의사 전달을 요구한다는 것이다. 정확한 표현과 확실한 의사 전달은 설교의 순서와 구조에서 많이 나타난다. 대면 예배에서는 설교 시간 동안 듣는 자들의 관심과 흥미를 끌기가 어렵지 않다. 하지만 온라인 예배의 제한된 스크린에서는 설교 시간 동안 보는 이들의 관심과 흥미를 끌고 가기 어렵다.

이에 대해 오하이오 누보교회의 패트릭 홀든(Patrick Holden) 목사는 설교의 앞부분에서 설교의 주요점을 전달하라고 말한다. 주요점을 먼저 전달해 예배드리는 자의 관심을 끌고, 뒷부분에서는 주요점을 풀고 적용점을 제시하라는 것이다. 주요점을 최대한 빨리 말하고, 마지막에 명확한 적용점을 전달하는 설교 구조를 취하는 것이 온라인 설교에서 가장 효과적인 방법이라고 생각한다(이에 관한 설명은 부록에 자세히 설명되어 있다).

행동으로의 부름

설교가 끝난 후 말씀에 대한 반응을 이끌어 내는 시간을 미국 교회에서는 '행동으로의 부름'(Call to Action)이라고 한다. '예배에 대한 반응을 확인하는 게 중요할까?'라는 질문을 할 수도 있다.

그러나 코로나 바이러스로 인해 온라인 사역을 시작한 이후 사역자들이 가장 힘들어하는 것 중 하나는 본인의 사역의 열매를 볼 수 없다는 점이다. 카메라를 보고 열심히 설교를 했는데, 이게 열매를 맺고 있는 것인지 확인할 수 있는 방법이 없기 때문이다.

예배를 드린 후에 반응을 확인하는 시간은 첫째, 선포된 하나님의 말씀을 성도들이 적용할 수 있도록 인도하는 시간이고, 둘째, 사역의 열매를 확인할 수 있는 방법이다. 그렇다면 말씀에 대한 반응을 온라인에서 어떻게 확인할 수 있을까? 현재 미국 교회는 커넥션 카드(Connection Card 혹은 Response Card)라는 것을 가장 많이 사용하는데, 이것에 대해서는 교회 홈페이지에 관해 설명하는 7장에서 자세히 설명하려 한다.

'행동으로의 부름' 시간을 통해서는, 말씀의 적용점을 찾는 것 외에도 헌금을 인도하거나 간단한 광고를 나눌 수 있다. 이 순서가 끝난 후에는 온라인 예배자들을 다시 한번 인정하면서 예배를 마치는 것이 중요하다.

카메라를 보면서 "오늘 함께 예배드릴 수 있어서 감사합니다. 오늘 들은 말씀이 한 주간 힘이 되길 원합니다. 다음 주 이 시간에 또 함께 모여 예배하겠습니다. 한 주간 승리하세요"라고 인사하며 예배를 마치면 예배자들에게 큰 힘이 될 것이다.

∘ '관람'에서 '참여'로 인도하라 ∘

온라인 예배에서 가장 중요한 것은 예배자들을 관람의 태도가 아닌 참여의 태도로 인도하는 것이다. 그런데 지금 많은 교회가 하듯이 예배당에서 드리는 오프라인 예배를 그대로 송출하는 것은, 참여의 태도로 인도하는 데에 결정적인 걸림돌이 된다. 오프라인 예배를 그대로 영상으로 보게 하면 어쩔 수 없이 온라인 예배자는 2순위가 된다. 예배를 인도하는 이가 그런 마음이 아니더라도 예배자는 그렇게 느낄 수밖에 없다.

사람들은 이미 TV와 영화를 통해 스크린을 접하는 사회적 태도가 깊이 박혀 있기 때문에, 오프라인 예배 '방송'을 보고 있다는 생각이 들면 즉시 관람의 태도를 취하게 된다. 그래서 온라인 예배를 드리는 이들이 집중하기 힘들다는 피드백을 하는 것이다.

예능 프로그램들도 시청자들을 한 시간 이상 집중시키기 위해 여러 가지 편집 효과들을 사용하는데, 예배드리는 방송으로 예배자들의 집중을 유지하기란 하늘의 별 따기다. 하지만 온라인 예배를 관람에서 참여로 인도

할 수 있다면, 예배자들은 점차 참여자로 임하게 될 것이다.

새들백교회도 팬데믹 이전에는 본당에서 드려지는 예배를 온라인에 그대로 송출했지만, 팬데믹 이후에는 즉시 모든 예배 환경을 바꿨다. 릭 워렌 목사는 때로는 집에서, 때로는 야외에서 설교를 녹화해 온라인에 올리고 있다.

찬양도 마찬가지다. 예배당에서 찬양을 녹화한 적도 있지만 가능한 새로운 장소에 가서 찬양을 녹화했다. 이는 성도들과 소통하려는 노력이다. 성도들의 예배 환경이 바뀐 것처럼 우리의 예배 환경도 바뀌었다고 넌지시 소통하는 것이다.

사람은 시각에 많은 영향을 받기 때문에, 익숙한 예배당을 익숙하지 않은 스크린으로 볼 때는 집중력이 떨어졌다. 하지만 예배 장소가 익숙하지 않은 곳이었을 때 오히려 스크린으로 본다는 것을 인식하지 못하는 효과가 나타났다.

교회들 중에는 주일 예배가 다양한 경우가 있다. 예배자들의 연령과 신앙의 깊이와 문화를 고려하여 각 예배를 조금 다르게 드리기도 하듯이, 온라인 예배를 교회의 독립된 예배로 준비해도 좋을 것이다.

오프라인 예배당을 사용하지 말고, 가능하다면 예배자들이 있을 법한 가정집을 세트로 만들어 그 공간에서 예배드리는 것이다. 그럴 재정이 없다면, 아늑한 분위기를 느낄 수 있는 곳에서 온라인 예배자들과 함께 예배하는 것도 한 방법이다.

앞서 말했지만, 사람은 시각으로 많은 것을 감지하기 때문에 오프라인 예배당에서 온라인 예배를 송출하는 것보다, 예배드리는 배경 자체를 바꾸는 게 효과적이다. 그렇게 하면 사람들은 '아, 이 시간은 내가 예배드리는 시간이구나'라는 것을 가르치지 않아도 느끼게 될 것이다. 온라인 예배를 구분하여 드리는 것이 예배자들을 인도하는 데 큰 도움이 될 것이다.

○ 오프라인 예배를 송출하는 것이 아니라, 온라인 예배를 따로 제작
한다면 우리 교회 예배는 무엇부터 바뀌어야 하는지 생각해 보자
(예배 순서, 예배당 모습 등).

○ 엘리베이션교회, 라이프교회, 혹은 새들백교회의 온라인 예배를 한
번 살펴보고 어떠한 점이 우리 교회와 다른지 적어 보자.

05

어색한 온라인 소그룹을
어떻게 해야 할까?

: 소그룹 구성과 교재 만들기

나에게 5년, 10년 후 한국 교회의 온라인 사역 모습을 예상해 보라고 하면 바로 온라인 소그룹 중심의 사역을 떠올릴 것이다. 사실 예상이라고 할 수 없는데, 현재 미국 교회의 온라인 사역 모습이 딱 그렇기 때문이다. 온라인 소그룹이 지금은 어색하지만, 다가오는 다음 세대에게는 전혀 어색하지 않을 것이다.

이런 면에서, 온라인 소그룹에서 성도들이 함께 공부할 수 있는 교재/커리큘럼을 개발하는 것이 교회의 5년, 10년 뒤 목표가 되어야 한다.

온라인 소그룹 역시 코로나 바이러스로 인해 대면 모임이 어려워지면서 시작된 소그룹의 새로운 모습이다. 하지만 새들백교회에서는 이미 2013년부터 온라인 소그룹을 시작했다.

처음에는 온라인 소그룹을 지금처럼 화상으로 하기보다는 '컨퍼런스콜'(conference call, 전화 회의)이나 채팅으로 했었다. 이후 기술이 개발되면서 줌(Zoom)이나 스카이프(Skype) 등으로 화상 채팅을 하는 게 보편화되었고, 교회에서는 코로나 바이러스로 인해 온라인 모임이 더욱 활성화되었다.

공동체 모임이 교회 본질의 하나이기에 교회 입장에서는 온라인 소그룹이 어색하고 불편할 수 있지만, 이는 곧 오게 될 미래가 앞당겨 온 것뿐이라고 생각한다. 디지털 소통이 자연스러운 다음 세대를 생각해서라도 온라인 소그룹 사역에 집중해야 한다.

지금까지 대부분의 소그룹 모델은 훈련반을 마친 성도가 리더가 되어서 교재를 기반으로 소그룹 모임을 인도하는 형태였을 것이다. 미국에서는 이런 소그룹 모델을 '마스터-티쳐 모델'(Master-Teacher model, 전문교사 모델, 수직적 소그룹)이라고 한다.

마스터-티쳐 모델은 훈련을 받은 한 사람이 리더가 되어 정보를 전달하고, 학생들은 그 정보를 외우는 학습 모델이다. 이 모델은 한 영혼이 훈련을 통해 리더가 된다는 장점도 있지만, 리더 한 사람의 역량에 소그룹의 성장과 건강이 달려 있다는 한계가 있다.

또한 이 모델처럼 주입식으로 소그룹이 진행되면 그 과정은 정보에 대한 공유로 그치기 쉽다. 소그룹의 목적은 서로의 신앙 여정을 돕는 영적 가족이 되는 것이므로, 마스터-티쳐 모델보다는 구성원이 함께 대화를 해나가는 '퍼실리테이션 모델'(Facilitation model, 소통 모델, 수평적 소그룹)이 소그룹에 더욱 적합하다.

귀납적 성경 연구(Inductive Bible Study)가 교회에 소개되면서부터 가르침보다는 나눔 중심의 소그룹 모델이 나왔고, 하브루타 교육이 소개되면서는 질문을 통해 답을 찾아가는 소그룹 모델도 나타나고 있다. 온라인 소그룹에서는 '질문과 나눔'이 더욱 확실하게 중심이 되는 형식으

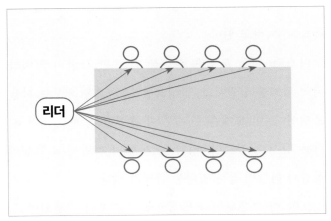

마스터-티쳐 모델

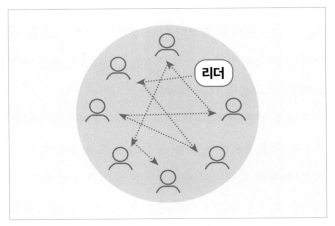

퍼실리테이션 모델

로 진행되어야 한다. 이것이 퍼실리테이션 모델이다.

이 모델에서 리더의 가장 큰 역할은 대화를 도모하는 것이다. 마스터-티쳐 모델에서 리더의 가장 중요한 목표가 구성원에게 정보를 나누고 가르치는 것이었다면, 이 모델의 가장 중요한 목표는 구성원이 서로 이야기를 나누며 함께 답을 찾아갈 수 있게 하는 것이다. 그래서 이 모델은 온라인 소그룹에 더욱 적합하다.

○ 대화식 소그룹 방법(퍼실리테이션 모델) ○

줌으로 무엇인가를 발표하거나 가르쳐 본 사람은 알겠지만, 한 사람이 오랫동안 이야기하는 것은 화상 채팅으로 유용한 방법이 아니다. 가르치는 사람도 듣는 사람의 반응이 잘 안 보여 불안하고, 듣는 사람 또한 한 시간 이상 집중하면서 듣기는 쉽지 않다.

대화 중심의 온라인 소그룹을 돕는 가장 좋은 도구는 온라인 소그룹 교재일 것이다. 소그룹 교재는 15-20분의 가르치는 영상과 학습 내용에 대한 질문 3-5가지로 구성하여 4-6주 정도 시리즈로 묶으면 된다.

15-20분 정도의 강의/메시지를 영상으로 제작하면 리더가 그 영상을 줌이나 화상 채팅 어플을 통해 구성원들에게 스크린 공유를 한다. 이렇게 리더와 구성원이 영상을 공유해 함께 보는 것에는 세 가지 장점이 있다.

첫째, 리더의 부담감이 줄어든다. 둘째, 배워야 할 내용이 미리 제작되기 때문에 더욱 질 높은 내용으로 만들어질 수 있다. 셋째, 줌이나 스카이프라는 화상 채팅 안에서 화면을 공유하고 영상을 함께 본 후 다시 구성원 얼굴이 담긴 화면으로 바뀌면 다른 세팅이라고 생각되어 지루하지가 않다.

강의와 연관된 질문 몇 가지를 준비해 리더에게 전달해 두면, 온라인 소그룹 강의 영상을 본 후 리더가 이 질문들을 구성원들과 나눈다. 질문을 만들 때에도 대화가 원활하게 나누어질 수 있도록 인도하는 질문을 만들어야 한다. 현재 새들백교회에서 소그룹 질문들을 만들 때 사용하는 틀은 다음과 같다.

1. 함께 본 영상 강의 내용이 나에게 어떻게 다가오는지 또는 어떻게 이해되는지 질문한다(강의 내용을 개인적인 삶으로 가져오는 역할을 하는 질문).

2. '예/아니요'(Yes or No)로 답하는 질문보다 '왜/어떻게'(Why and How)의 질문을 한다(이성과 논리를 사용할 수 있는 질문).

3. 강의를 통해 특별한 감정이 자극된다면, 그 감정에 대해 물어보는 질문을 한다(감정을 표현할 수 있게 하는 질문).

4. 들은 강의 내용과 나눈 대화를 통해 내 삶에 적용해야 할 점이 무엇인지 질문한다(강의의 내용을 머리에서 마음으로 옮겨 주는 질문).

이러한 질문들은, 개인이 이해한 내용의 적용을 감정과 논리를 사용해 설명하도록 하기 때문에 대화가 자연스럽게 이어지게끔 도와준다. 이렇게 영상 강의(15-20분)를 공유해서 보고, 이해와 설명과 적용을 나눈 후(30-40분), 마무리 기도로 온라인 소그룹을 마치면 된다.

위와 같은 소그룹 모델에 대한 몇 가지 질문을 함께 살펴보자. 첫째, "찬양은 하지 않아도 될까?"를 물을 수 있다. 줌이나 스카이프 같은 화상 채팅을 할 때 함께 찬양하는 것은 굉장히 어렵다. 각자의 인터넷 속도나 마이크 볼륨에 따라서 소리가 다르기 때문에 함께 노래 부르는 것이 어색해질 수 있다. 함께 찬양하는 시간을 넣고 싶다면, 좋아하는 찬양 영상을 찾아서 공유한 후 각자 음소거 한 뒤 부르는 것을 추천한다.

둘째, "1시간이면 너무 짧은 것 아닐까?"를 물을 수 있다. 사람들은 짧지만 교제가 깊은 온라인 소그룹에 더 부담 없이 참여하는 것을 볼 수 있었다. 미국에는 줌 피로증(Zoom Fatigue)이라는 말이 돌고 있다. 교육도, 직장 일도, 예배까지도 스크린으로 하다 보니 줌을 통한 모임을 피하고 싶은 사람의 속마음을 표현한 단어이다.

한국도 비슷한 상황일 것이다. 이렇게 온라인 모임을 피하는 움직임이 일어나는 상황에서 2-3시간 온라인 소그룹을 하자고 하면, 시작할 때부터 이미 사람들은 피곤을 느낄 것이다. 오프라인 소그룹은 2-3시간이 기본이지만, 이것을 온라인으로 똑같이 하려고 하면 더 힘들게 느낀다. 그러므로 온라인 소그룹으로 만날 때는 가르침과 적용점을 극대화하고, 가끔 오프라인으로도 만나 관계를 쌓아 나갈 것을 권한다.

온라인 소그룹이라고 해서 온라인으로만 만날 필요는 없다. 온라인과 오프라인을 통해 관계를 쌓고, 구성원들이 동역자가 되어 함께 신앙생활을 하는 게 목적이기 때문이다. 동역자들과 함께 믿음의 여정을 걷는 것이 목적이라면, 온라인과 오프라인은 그 관계를 세워 가는 두 가지 통로가 된다.

코로나 이전에는 'Online to Offline'이라는 말을 많이 사용했다. 온라인에서 사람을 만나 오프라인으로 인도하겠다는 뜻으로 온라인 사역팀의 미션이었는데, 이 말을 듣는 횟수가 점차 줄어들고 있다. 왜냐하면 **다음 세대에게는 온라인과 오프라인 사이의 벽이 전 세대처럼 뚜렷하지 않기 때문이다.** 디지털 세대는 온라인과 오프라인이 물처럼 섞여 흐르고 있다. 친구와 관계를 맺는

데도 온라인과 오프라인을 동시에, 엄청나게 사용한다. 그리고 이 두 가지 통로를 통해 서로 알아가고 관계도 깊어지게 된다.

그렇기 때문에 소그룹을 온라인과 오프라인으로 구분해서 제공하기 전에, 소그룹의 개념과 목적을 잘 설명하여 그 목적이 온라인과 오프라인을 통해 자유롭게 성취될 수 있도록 도와야 한다.

◦ 소그룹 교재, 필요를 다루라 ◦

온라인 소그룹 교재를 만들 때는, 교인들의 필요를 채우는 기회로 삼는 것이 중요하다. 미국 교회에서 커리큘럼을 만들 때 집중하는 키워드가 있는데, 'felt-need'라는 단어이다. 한국어로 설명한다면 '피부에 느껴지는 필요와 고통'이라는 뜻이다. 피부에 느껴지는 실질적 필요가 온라인 소그룹 교재를 만드는 데 키워드가 되는 이유는, 그 필요와 고통을 건드려야 성도들이 집중하기 때문이다.

각자의 교회에서 섬기는 부서마다 성도들이 끊임없이 하는 질문들이 있을 것이다. 그것을 적어 보라. 그 내용들이 바로 소그룹 교재의 주제가 될 수 있다.

조금 더 깊이 생각해 보면, 물어보고 싶지만 문화의 장벽과 부끄러움이나 수치심 때문에 묻지 못하는 질문들까지도 들어 봐야 한다. 몇 가지 예를 들면, 청년들은 끊임없이 결혼과 진로에 대해서 물어본다. 그들 생각의 대부분은 누구와 살 것인가, 뭐하며 살 것인가에 대한 고민이다. 청년부 목사와 사역자들은 이 주제에 대해 설교로, 또 개인 상담으로 많이 다룰 것이다.

그렇다면 이것을 소그룹 교재로 만들면 어떨까? 6주 동안 만나는 소그룹을 기획하고 교재로 여섯 강의와 질문지를 만들면, 청년들은 모이지 말라고 해도 모일 것이다. 왜냐하면 이 주제가 지금 그들의 '필요'를 건드렸기 때문이다.

어린 자녀를 기르는 부모들을 위한 부서나 교회가 '부모에 대한 성경적 이해와 역할'을 주제로 소그룹 교재를 만들면 부모들은 그 소그룹 교재를 분명히 선택하여 들고, 다른 사람들과 나눌 것이다. 성(性)적 가치관의 혼란이 가득한 이 시대에 하나님이 바라보시는 성에 대한 내용으로 청소년 시리즈 교재를 만드는 것도 좋다.

이외에도 성도들의 필요와 고민은 굉장히 많다. 그리스도인으로서 돈 관리는 어떻게 해야 하는지, 그리스도인으로서 부부의 갈등은 어떻게 풀어야 하는지, 그리스도인으로서 사업체는 어떻게 경영해야 하는지 등등 성도들이 직접적으로 느끼는 필요와 그 질문들을 소그룹 교재로 하나하나 만들다 보면 소그룹 교재 창고가 생길 것이다. 이렇게 한번 잘 만들어 놓은 온라인 소그룹 교재들은 5년, 10년이 지난 후에도 계속해서 성도들에게 도움이 될 것이다.

많은 사람이 잘 모르는데, 릭 워렌 목사님의 베스트셀러 《목적이 이끄는 삶》(디모데)은, 자기 삶의 목적을 모르고 고민하는 교인들의 필요를 생각하고 쓴 책인 동시에 소그룹 교재이다. 이 소그룹 교재는 10년이 지난 지금까지도 새들백교회 소그룹에서 사용하고 있으며, 많은 사람이 반복적으로 찾는 소그룹 교재가 되었다. 이 소그룹 교재가 계속해서 교인들을 섬길 수 있는 이유는 사람의 필요를 정확히 건드렸기 때문이다.

필요를 채워 주는 온라인 소그룹 교재를 만드는 방법은 다음과 같다.

1. 사역의 대상인 성도가 겪고 있는 고통과 실질적 필요가 무엇인지 파악하라.

2. 그 고통 혹은 필요에 대한 성경의 가르침을 찾으라.

3. 찾은 영적 원리 혹은 성경의 가르침을 영상으로 녹화하되 20분 정도의 짧은 강의가 되게 하라. 이것은 분명 설교가 아니고, 소그룹의 이야깃거리를 만들어 주는 것이다.

4. 각 영상을 본 후 소그룹이 나눌 수 있는 질문을 3-5개 정도 준비하라.

5. 약 4-6주 동안 소그룹이 이 주제에 대해서 나눌 수 있도록 강의와 질문들을 준비하여 소그룹 교재를 완성한다. 4-6주를 권장하는 이유는, 30-40일 정도 꾸준하게 해야 '가르침'이 '가치'로 남기 때문이다.

자신이 섬기고 있는 교회 (내가 담당하고 있는 사역)의 첫 온라인 소그룹 교재를 만들어 보자.

◦ 우리 교회 (내가 담당하고 있는) 사역에 대해 첫 온라인 소그룹 교재를 만든다면 어떤 내용이 될 것인가?

◦ 우리 교회 (내가 담당하고 있는 사역의) 성도들이 지금 현재 가장 필요로 하는 것은 무엇인가? 그리고 이 주제에 대한 하나님 말씀은 무엇인가?

성도들의 필요 :

하나님의 말씀 :

영상을 위한 핵심 강의 :

06

교회 교육,
온라인과 오프라인을 연결하자

: 교회를 위한 효과적인 교육 방법

코로나 바이러스로 인해 가장 큰 변화를 겪은 사역 분야는 교육부서가 아닐까 생각한다. 한국 청소년들과 청년들이 계속해서 교회를 떠난다는 사실은 미국에 있는 나에게까지 종종 들리는 가슴 아픈 소식이다.

점점 더 많은 어린 영혼이 교회를 떠나는 흐름 속에서 코로나 바이러스는 초대하지 않은 불쾌한 손님이다. 이로 인해 교회 교육의 위기는 더 커졌고, 무엇이든 바꾸지 않으면 교회를 떠나는 이 추세는 더욱 가속화될 것이다. 교회 교육은 새로운 교육 모델을 절실히 필요로 하고 있다.

다음 세대의 교회 교육은 온라인과 오프라인이라는 두 가지 방법을 함께 사용하면서 이루어질 것이다. **여기서 중요한 것은, 온라인이냐 오프라인이냐가 아니라 '교육'이라는 목적이다.**

앞으로는 온라인으로만 교육하면 부족할 것이고, 오프라인으로만 하면 비효과적일 것이다. 그러므로 온라인과 오프라인 각각의 장점을 살린 교육 방법이 필요한데, 여기서 온라인 교육의 장점 세 가지와 오프라인 교육의 장점 세 가지를 소개한다.

◦ 온라인 - 사용력, 확장성, 접근력 ◦

온라인 교육의 첫 번째 장점은 사용력(Accessibility)이다. 온라인 교육은 시간과 공간에 제한받지 않고 이루어질 수 있다는 최고의 장점을 가지고 있다.

지금까지 교회 교육은 일주일에 한 번, 정해 놓은 시간에 정해 놓은 자리에서만 받을 수 있었다. 하지만 과

학 기술의 발달과 청소년들 대부분이 스마트폰을 갖고 있다는 점에서 보면, 이제 교회 교육 중에서 정보 전달은 언제든지 할 수 있게 되었다. 교육은 정보 전달과 그 정보에 대한 적용을 통해 이루어지는데, 바로 테크놀로지(technology)를 통해 첫 번째 부분인 정보 전달이 가능해진 것이다.

한국에 갈 때마다 느끼는 점은 많은 사람이 이동 중에 스마트폰으로 무엇인가 보고 있다는 것이다. 이 모습을 관찰하면서 '이 시간에 청소년들이 교회 교육 콘텐츠를 보게 된다면 그 교육의 효과는 얼마나 클까?' 하는 상상을 해 보았다.

이 사용력을 확대해야 할 필요가 있다. 그저 콘텐츠를 만드는 것에서 멈추지 말고, 커리큘럼을 만들어야 한다. 콘텐츠는 단편적인 '인상'을 줄 수는 있지만, 지속되는 '가치'를 심기는 어렵기 때문이다. 주일 공과 시간에 가르칠 내용을 간단하게 영상으로 만들고 아이들이 모인 카톡방에 남긴 후 성령님이 어떻게 역사하실지 기대하며 지켜 보자.

온라인의 두 번째 장점은 확장성(Scalability)이다. 교회에서 가르치는 것들을 녹화해 놓는다면, 하나의 영상에 담긴 콘텐츠를 통해 지속적으로 가르칠 수 있다. 이로 인해 교회 교육은 확장될 수 있다.

아날로그 시대 때의 확장은 물리적인 확장을 말했다. 교회 땅이 넓어지는 것, 교회 빌딩이 높아지는 것, 그래서 많은 사람을 수용할 수 있게 되는 것을 교회의 확장이라고 말했다. 하지만 디지털 시대 확장은 시간적 확장을 말한다. 한번 녹화한 것이 내가 잘 때에도 누군가의 스마트폰에서 재생되고 있다면 이것은 나의 시간이 확장되는 것이다.

아이들은 대부분 비슷한 질문을 갖고 있다. 하지만 그 아이들이 한번에 똑같은 것을 물어보지 않는다. 물어볼 때마다 가르쳐 줄 수 있으면 가장 좋겠지만, 그렇지 못할 때 영상을 소개해 주면 내 시간은 확장이 되고, 이로 인해 더욱더 깊은 교육에 들어갈 수 있는 것이다.

이것을 영어로는 "once for all and once for many"라고 하는데 곧 한번으로 모두를 섬기고, 한번으로 여러

번 섬긴다는 시간적 확장성을 뜻한다. 그런데, 한편에서 '공과 내용을 녹화할 시간이 없어요'라고 말하는 소리가 들리는 것 같다. 시간이 없을수록 녹화해 놓아야 한다. 당신의 시간은 소중하기 때문이다.

온라인의 세 번째 장점은 접근력(Reachability) 이다. 접근력은 첫 번째 장점인 사용력과 두 번째 장점인 확장성의 결과라고도 볼 수 있는데, 그 영향력은 대상(audience)에 미칠 수도 있고 역할(function)에 미칠 수도 있다. 곧 접근력이 높아진다는 말은 교회를 다니지 않는 영혼에게도 교회 교육을 전달할 수 있다는 뜻이다.

인류 역사를 보면 기독교는 늘 사회, 정치, 문화, 교육에 영향을 미쳤다. 르네상스와 미국의 청교도 역사를 보면 이것을 쉽게 알 수 있다. 오늘날 우리는 테크놀로지의 접근력을 통하여 믿지 않는 사람에게도 성경의 가르침과 가치를 남길 수 있다는 장점을 갖고 있다.

또 접근력은 교회 교육의 역할 면에도 영향을 미치는데, 예를 들면 교회를 한 주 빠진 아이도 온라인을 통해 그 교육을 놓치지 않을 수 있게 되므로 더욱 원활한 교육이 가능해진다는 말이다.

지금까지는, 교회를 한 주 빠진 아이는 그 주의 교육을 놓칠 수밖에 없었다. 교사가 연락해서 직접 다시 가르칠 수도 있지만 실제로는 그렇게 잘 되지 않는다. 한 주씩 커리큘럼을 짜고 가르쳐 본 사람은 알겠지만 교육 과정 중 빠져도 될 만한 내용은 하나도 없다. 또 커리큘럼 특성상, 교육이 그 전 주에 배운 내용에 더해져서 이루어진다는 점을 보면, 온라인 교육의 접근력은 필수적이다.

공과 공부를 준비하다 보면 '이 내용은 꼭 이 아이를 위한 것이네'라고 생각하는 경우가 있는데 하필 그 아이가 그 주에 결석할 때가 있다. 그럴 때 우리는 온라인 교육의 장점인 접근력을 이용해 빠진 내용을 보충해 줄 수 있고, 아이들은 내용을 놓치지 않고 따라올 수 있게 된다.

사용력, 확장성, 접근력이 온라인의 장점이라면, 이것들과 함께 보완 구도를 이루는 오프라인 교육의 장점을 살펴보도록 하자.

∘ 오프라인 - 맞춤 교육, 관계 형성, 체험 교육 ∘

오프라인의 첫 번째 장점은 개인 맞춤 교육(Personaliza-tion/Customization)이다. 세상은 갈수록 더욱더 한 개인의 요구에 맞추는 특별 주문 제작(customization)에 집중한다. 모두가 자신이 특별하다는 것을 나타내고 싶은 마음이 있기 때문이다. 성경책조차도 겉표지에 금색으로 이름을 적어 놓고 싶어 한다.

신학교에서 '기독교교육'이라는 수업 시간에 처음으로 들은 이야기가 아직까지 생각나는데, 사람은 배우는 방법이 다르다는 것이다. 누구는 보는 것으로 배우고, 누구는 듣는 것으로 배우고, 누구는 자신이 직접 가르치면서 배우고, 또 누구는 다른 사람들과 함께 하면서 배운다는 것이다. 그렇다면 온라인을 통해 정보를 전달받은 아이들은 각자의 은사, 성격, 환경, 경험들로 인해 갖게 되는 질문들이 다를 것이다. 그럴 때는 오프라인으로 만나 개인적 교육을 해야 참 배움의 효과가 나타난다.

나는 유튜브 채널을 통해 교육하는 것을 좋아하는데 거기에는 이유가 있다. 온라인 콘텐츠를 시청한 이후에는 오프라인 교육이 훨씬 더 깊게 이루어지기 때문이다. 나의 유튜브 채널 '미국목사케빈'은 미국 교회 시스템과 문화 그리고 사역 이야기들을 담고 있는데, 영상을 보는 이들의 첫 번째 질문은 대부분의 경우 비슷하다. 처음에는 일반적인 질문들을 하는 것이다. 한국에서 공부하는 100명의 신학생들이 미국 교회에 대해서 질문을 하면, 100가지의 질문이 나오는 게 아니라 보통 5-10개의 동일한 질문이 반복적으로 나온다.

그러면 그 몇 가지 동일한 질문에 대한 영상을 보내 주면서, 이 영상을 본 후 그들이 섬기고 있는 교회 상황에서 구체적으로 궁금한 사항들이 무엇인지 물어본다. 이렇게 하면 굉장히 빠른 시간에 두 번째 질문을 받을 수 있다.

여기서 중요한 것은, 첫 번째 질문은 일반적인 내용이 많지만 두 번째 질문은 개인적인 내용이 많다는 것이다. 효율적인 교육이 일어나려면 이 두 번째 질문, 즉 개인적인 질문에까지 이르러야 한다. 온라인의 정보 전달과 오프라인의 개인 맞춤 교육이 만나면, 더욱더 깊은 교육을 할 수 있다.

오프라인의 두 번째 장점은 깊은 관계(Intimacy) 형성이다. 위에서 언급했듯이 교육에는 최소한 두 가지 요소가 필요하다. 정보 전달(information)과 그 정보에 대한 적용(application)이다. 정보와 적용, 이 두 요소를 연결해 주는 것이 교사와 학생의 관계이다. 현시대의 교육 환경을 생각해 보자. 교실에 2-30명의 학생이 앉아 있고 한 시간에 한 번씩 과목 선생님이 돌아가며 가르치는 교육은 약 100년 정도 밖에 되지 않은 방법이다. 인류 역사를 보면 교육은 늘 존재했는데, 더욱 깊은 교육은 학생과 교사의 관계 가운데에서 이루어졌다.

서구 사상에 가장 큰 영향을 미쳤던 세 사람을 뽑자면 아리스토텔레스, 플라톤, 그리고 소크라테스라고 할 수 있을 것이다. 철학 사상에 큰 변화를 일으켰던 이 세 사람이 각각 뛰어난 인물들이기도 했지만, 우리가 주목해야 할 점은 이들이 서로 밀접한 관계를 맺고 있었다는 사실이다. 아리스토텔레스는 플라톤의 제자였고, 플라톤은 소크라테스의 제자였기 때문에 각자의 탁월함이 더욱 증폭되었을 것이다. 이와 같이 참교육은 교사와 학생의 관계 속에서 이루어지고, 그런 관계는 오프라인으로 만날 때 강력하게 맺어진다.

오프라인의 세 번째 장점은 바로 체험 교육(Experien-tial Learning)이다. 오프라인으로는 다양한 교육 방법을 활용할 수 있다는 장점이 있다. 미취학 아동들은 이성과 논리로 교육하기 보다는 오감을 통해 교육해야 한다. 우리는 이것을 감각 학습(Sensory learning)이라고 한다.

온라인 교육에서는 보고 듣는 것만 할 수 있지만, 오프라인 교육에서는 맛을 보고 냄새를 맡고 촉감을 느끼는 교육을 진행할 수 있다. 이런 체험을 통해 아이들의 기억에 오래 남는 교훈을 줄 수 있다.

한 가지 예로, 나는 중학교 때 교회 수련회에서 들었던 설교는 기억나지 않는데 그곳에서 했던 활동을 통해 배운 교훈은 잊어버리지 않는다. "아무것도 보이지 않는 상황에서 하나님의 음성에 귀 기울이면 나를 인도하시는 그분을 따라갈 수 있다"라는 교훈이다.

수련회 중에 했던 한 게임을 통해 이 교훈을 얻었는데, 게임은 팀의 대표가 두 눈을 검은 천으로 가리고 출발하여 마지막까지 완주를 하는 것이었다. 그가 걸어갈 길에는 페트병으로 만든 장애물들이 놓여 있었고, 걸어가는 도중에 페트병을 발로 차서 쓰러뜨리면 실패하는 것이다. 그 길의 양쪽에는 우리 팀과 반대 팀이 섞여서 자리 잡고 서 있었다.

팀 대표가 출발하는 동시에 같은 팀원들은 "앞으로 가, 왼쪽으로 한 발, 아니 너무 많이 갔어" 등 페트병을 피할 수 있는 방향을 제시하고, 상대 팀원들은 그 반대로 이야기하는 게임이다. 팀 대표는 앞이 보이지 않는 상태에서 우리 팀원들의 목소리만 의지해 장애물을 쓰러뜨리지 않고 끝까지 걸어가야 했는데, 그때 배운 교훈은 20년이 지난 지금도 줄곧 떠오르고 앞으로도 평생 잊지 않을 것 같다. 항상 나는 '앞이 보이지 않을 때 나를 인도하시는 하나님의 음성에 귀 기울이면 하나님이 나의 경주를 마치게 하시겠구나'라고 생각한다.

이와 같이 체험 교육은 마음속 깊이 자리를 잡는다. 그리고 그것은 교훈으로 끝나는 것이 아니라 삶의 가치가 된다. 미국의 시인이자 소설가인 마야 안젤루(Maya

Angelou)는 이런 말을 했다. "사람들은 당신이 그들에게 무슨 말을 했는지는 기억하지 못하지만, 당신이 그들에게 무엇을 느끼게 했는지는 기억한다."

느낀 점은 오래 기억한다는 말이다. 교회 교육에 몸담고 있는 목사, 전도사, 평신도 사역자, 또 성도들은 한 영혼의 삶에 성경적 가치를 심을 수 있는 위대한 특권을 가졌다. 이제 우리에게 주어진 온라인과 오프라인의 장점을 이용하여 이 위대한 특권의 열매를 맺어야 한다.

∘ 변해 가고 있는 교회 교육에서 우리 교회 교육부서가 새롭게 시
  도하고 바꾸거나, 개발해야 하는 부분들은 무엇일까?

_____

_____

_____

_____

∘ 온라인 교육의 장점과 오프라인 교육의 장점 중 우리가 잘하고 있
  는 점은 무엇이고, 잘 활용하지 못하고 있는 점은 무엇인가?

잘 활용하는 온라인/오프라인의 장점 : _____

_____

잘 활용하지 못하는 온라인/오프라인의 장점 : _____

_____

- **예배 '관람'이 아니라 '참여'가 되게 한다**

  - 온라인 예배를 준비하고 송출할 때 예배자가 단절감을 느끼지 않도록 예배자의 환경을 생각하고 온라인 예배자들을 인정해야 한다.

  - 환영, 예배로의 부름, 찬양, 설교, 행동으로의 부름의 구성으로 온라인 예배가 진행될 때 중요한 것은 예배자들을 관람이 아닌 참여의 태도로 인도하는 것이다.

  - 이를 위해 새로운 장소에 가서 설교나 찬양을 녹화할 수 있다. 이는 성도들과 소통하려는 노력이다. 성도들의 예배 환경이 바뀐 것처럼 우리의 예배 환경도 바뀌었다고 소통하는 것이다.

- **구성원들이 함께 소통하는 온라인 소그룹을 구성한다**

  - 온라인 소그룹이라고 온라인으로만 만날 필요가 없다. 온라인과 오프라인은 관계를 세워 가는 두 가지 통로다. 다음 세대에게는 온라인과 오프라인 사이의 벽이 전 세대처럼 뚜렷하지 않음을 기억하라.

  - 대화 중심의 온라인 소그룹을 돕는 가장 좋은 도구는 온라인 소그룹 교재다. 소그룹 교재는 15-20분 가르치는 영상과 학습 내용에 대한

질문 3-5가지로 구성하여 4-6주 시리즈로 묶으면 된다.

- 소그룹 교재는 피부에 느껴지는 필요와 고통을 다뤄야 한다. 섬기는 부서에서 성도들이 끊임없이 하는 질문들이 소그룹 교재의 주제가 될 수 있다.

○ **교회 교육에서 온라인과 오프라인을 적절하게 활용한다**

- 교회 교육에서 중요한 것은 온라인이냐, 오프라인이냐가 아니라 '교육'이라는 목적이다. 앞으로는 온라인으로만 교육하면 부족할 것이고, 오프라인으로만 하면 비효과적일 것이다.
- 온라인의 사용력, 확장성, 접근력과 오프라인의 맞춤 교육, 관계 형성, 체험 교육의 장점을 활용하여 교회 교육을 해 나가야 한다.

07

교회 홈페이지가
성도의 필요를 채운다고?

: 소통하는 웹사이트 만들기

온라인 사역의 중심은 교회 웹사이트가 되어야 한다. 그런데 많은 교회가 웹사이트를 인터넷 광고판 정도로만 생각하는 것 같다. 이는 그렇게 하고자 해서가 아니라, 아마 수많은 교회가 그렇게 하니까 으레 같은 방식으로 웹사이트를 운영해 왔을 것이다.

한국 교회의 웹사이트들은 대부분 교회 사역을 소개하고 설교를 모아 두는 곳 정도로 보인다. 교회 소식과 사역을 소개하는 내용만 올리면 웹사이트는 일방적인 플랫폼으로 멈춰 있게 된다.

교회 웹사이트는 교회와 성도간의 상호작용이 일어나는 쌍방향 플랫폼이 되어야 한다. 이 장을 읽으면서, 여러분이 섬기는 교회의 웹사이트를 다시 관찰해 보라. 그리고 웹사이트를 다시 기획하고 만든다면 어떻게 해야 상호작용이 일어날지 고민해 보기를 권한다.

웹사이트는 교회와 성도가 소통하는 장이 되어야 하는데, 그러려면 성도의 필요를 채워 주는 플랫폼이어야 한다. 모든 영적 필요를 채워 줄 수는 없어도, 적어도 채움의 시작이 되는 장이어야 한다. 웹사이트는 언제 어디서나, 누구에게나 교회 사역에 참여할 수 있는 길을 제공해야 한다. 성도의 필요를 채우는 것뿐만 아니라 교회의 목적을 이루어 가는 장소가 되어야 한다.

◦ 성도의 필요를 채우는 웹사이트 ◦

웹사이트로 성도의 필요를 채우고 교회의 목적을 이루어 갈 수 있을까에 대해 의구심이 생길 수 있다. 그러나 나는 그것이 가능하다는 것을 여러 차례 경험했다. 그러려면 우선, 웹사이트의 기본 구조가 교회의 목적에 따라 세워져야 한다. 다시 한번 새들백교회를 예로 들어 보자. 새들백교회는 교회의 다섯 가지 목적인 '예배, 친교, 전도/선교, 제자훈련, 섬김/봉사'가 웹사이트의 뼈대를 이룬다. 그래서 교회 웹사이트의 메인 페이지에 'Visit, Connect, Grow, Watch, Care, Give'라는 탭들을 놓았다.

첫 번째 'Visit'은 전도의 목적을 이루기 위한 탭이다. 이 탭을 누르는 사람은 아마 교회에 한 번도 와 보지 않은 사람일 것이기 때문이다. 아직 교인은 아니지만 앞으로 정착할 수 있는 교인임을 예상하고, 교회에 대한 소개와 캠퍼스 교회들의 위치를 안내해 놓았다.

두 번째 'Connect'는 친교의 목적을 이루기 위한 탭이다. 교회에 처음 온 사람이 교인 등록, 세례 신청, 소그룹 등록 등을 할 수 있도록 실질적인 자료들을 준비해 놓았다. 사용자가 원하면 그곳에서 바로 소그룹 등록을 할 수 있다. 이게 바로 성도와 상호작용하는 모습이다. 사용자가 와서 원하는 정보만 얻어 가는 것이 아니라 실제 행동을 하고 갈 수 있게끔 만들어진 것이다. 또한

'Connect' 탭 밑에는 섬김과 선교 사역에도 참여할 수 있는 링크들이 있다.

세 번째 'Grow'는 제자훈련의 목적을 이루는 탭이다. 그리스도인의 성장을 돕는 각종 훈련반과 개인의 신앙생활에 도움이 될 수 있는 자료들을 모아 두었다. 팟캐스트, 기초 신학반, 주일 설교를 적용하는 법, 신앙 서적 추천 등을 통한 성경공부와 훈련이 이 탭의 목적이다.

네 번째 'Watch'는 소그룹을 위한 탭이다. 로그인을 하지 않고 'Watch'를 누르면 교회 예배 영상과 특별 집회밖에 볼 수 없지만, 로그인을 하고 'Watch'를 누르면 소속되어 있는 소그룹과 함께 다양한 온라인 소그룹 교재들을 볼 수 있다. 이곳에서 소그룹과 함께 필요한 성경공부를 할 수도 있다. 온라인 소그룹 교재는 앞으로의 온라인 사역에서 중심이 될 것이다.

다섯 번째 'Care'는 교회에 사역 요청을 할 수 있도록 돕는 탭이다. 상담, 심방, 커리어 코칭, 재정 관리, 기도 제목 나눔 등 성도들이 많이 요청하는 사역과 회복 축제(중독자를 돕는 사역), 다니엘 플랜(건강한 식습관과 운동을 통해 영과 육의 건강을 도와주는 사역), 평화 센터(성도와 주민의 필요를 돕는 센터), 수련회 등 교회의 특별 사역이 소개되어 있다. 이곳을 통해 성도들이 사역을 요청할 수 있고, 특별 사역에 참여할 수도 있다.

여섯 번째 'Give'는 성도들이 온라인으로 헌금할 수 있도록 돕는 탭이다. 한국 교인들과 이야기를 나누다 보면, 헌금을 온라인으로 하는 것에 대해 거부감을 가진 경우가 있다. 그러나 헌금과 헌신에 대한 교육이 잘 이루어지면, 이 부분도 성도들이 잘 이해하고 동참하는 것을 확인할 수 있었다. 나 역시 온라인으로 헌금하고 있다.

웹사이트 하나만도 매우 방대한 작업처럼 느껴질 수 있지만, 하나씩 만들어 가면 충분히 시도해 볼 수 있을 것이다. 웹사이트 때문에라도 앞서 말한 K.P.I.가 중요하다. 교회가 무엇을 중요시 하는지가 뚜렷하다면, 웹사이트를 새로 구성하는 일이 어렵지 않다. 왜냐하면 중요한 몇 가지를 웹사이트의 탭으로 만들어 두면 그것이 곧 뼈대가 되기 때문이다. 대부분의 교회가 예배, 훈련, 전도,

섬김을 중요시할 것이다. 그렇다면 탭을 예배, 훈련, 전도, 섬김으로 만들면 된다.

° 커넥션 카드로 소통하라 °

웹사이트가 성도와 소통하고 교회와 상호작용하는 곳이 되려면 교인의 의견을 받는 메뉴가 필요하다. 현대 사회에는 '주문형'(on demand) 문화가 형성되고 있다. 이것은 '내가 원하는 것을 내가 원하는 때에 가져야 하는' 사회적 가치이다. 그렇다고 해서 교회까지 원하는 것을 원하는 때에 준다면, 성도들이 소비자형(consumerism) 크리스천이 되지 않겠느냐는 질문들이 있는데 물론 맞는 말이기도 하다.

그러나 한편으로 이 말은 교회가 그 필요를 채워 주지 않으면서 내세우는 변명일 수도 있다. 심장마비가 왔을 때 30초라는 골든타임이 있다. 심장이 멈췄을 때 30초 안에 누군가가 심폐소생술을 해 주면 그 사람이 살아날 가능성이 훨씬 높아진다는 것이다. 교회는 성도의 영적 건강을 책임지는 곳이다. **웹사이트가 수술까지는 못하더라도 심폐소생술은 할 수 있는 도구가 되어야 한다고 생각한다.**

성도의 필요를 채우는 데 미국 교회에서 가장 유용하게 사용되는 도구 몇 가지를 살펴보자. 앞서 간단하게 언급했는데, 첫 번째는 커넥션 카드이다. 성경을 보면, 하나님의 백성은 그분의 위대함을 보거나 그분의 말씀을 받을 때 반응을 했다. 하나님의 영광은 너무 광대해서 보는 이로 하여금 반응하게 한다.

이 '반응'(response)이라는 단어가 핵심어이기 때문에 'Response Card'라고도 불리는데, 하나님께 예배를 드린 후 그 말씀에 대한 반응을 적고 그것을 교회에 알리는 카드다. 온라인 예배 영상 밑에 디지털폼을 만들어, 예배를 드린 후 간단하고 기본적인 적용점들을 체크해서 보낼 수 있도록 해 놓는다.

나는 오늘 예배를 드린 후 :

o 예수님을 영접하겠습니다.

o 세례/입교를 받고 싶습니다.

o 소그룹에 참여하고 싶습니다.

o 제자훈련에 동참하고 싶습니다.

o 섬김의 자리로 가고 싶습니다.

o 복음을 다른 이와 나누고 싶습니다.

나는 오늘 예배를 드린 후 이러한 깨달음을 얻었습니다 :

o _____

나의 기도 제목은 이것입니다 :

o _____

이런 카드가 온라인에 준비되면 교회 웹사이트는 교인들과 쌍방향으로 소통할 수 있는 장이 된다. 교인들이 많이 작성하지 않을 수도 있다. 미국 교회도 커넥션 카

드의 작성율이 높지는 않다. 특히 위에 적힌 '반응'들은 초신자에게 초점이 맞춰져 있기 때문이기도 하다.

하지만 이 카드는 많은 사람을 참여시키는 도구라기 보다 참여자들을 섬기는 통로로 여겨야 한다. 일주일에 한 명이라도 작성했다면, 온라인으로 사역할 수 있는 통로가 만들어진 것이기 때문이다. 그것도 교회가 억지로 만든 통로가 아니라 성도가 자진해서 연결한 통로이다.

온라인 사역이 교회의 목적을 이루는 통로라는 것을 커넥션 카드에서 다시 한번 볼 수 있다. 새들백교회의 카드를 다시 살펴보면, 교회의 목적을 드러냄을 알 수 있다.

- 예수님을 영접하겠습니다(전도/선교의 목적).
- 세례/입교를 받고 싶습니다(친교의 목적).
- 소그룹에 참여하고 싶습니다(친교의 목적).
- 제자훈련에 참여하고 싶습니다(제자훈련의 목적).
- 섬김의 자리로 가고 싶습니다(섬김/봉사의 목적).
- 복음을 다른 이와 나누고 싶습니다(전도/선교의 목적).

이 카드에 다른 사역과 연관된 내용을 넣을 수도 있었다. 새들백교회의 대표 사역들 중에는 중독에서 벗어나도록 돕는 사역, 영과 육이 건강하도록 돕는 사역, 감정과 마음이 건강하도록 돕는 사역 등이 있다.

이러한 항목들도 커넥션 카드에 넣을 수 있었다. 하지만 우리는 이것들을 다 적어 놓지 않았다. 교회의 가장 중요한 다섯 가지, 새들백교회가 존재하는 목적 다섯 가지를 최우선으로 여기므로 그 내용들을 적어 놓았다. 그리고 이것을 통해 온라인 사역을 잘 실행해 나가고 있다.

◦ 우리 교회의 강점인데 웹사이트에는 잘 나타나지 않은 내용이 있는 가? 교회의 가장 큰 강점이라면 웹사이트를 통해서도 성도가 참여할 수 있는 방법이 있을까?(예: 온라인 제자훈련, 온라인 선교훈련 등)

◦ 커넥션 카드의 중요성을 계속 강조하고 싶다. 우리 교회의 온라인 예배 영상 밑에 이런 카드를 만든다면 꼭 넣어야 하는 항목은 무엇 일까? 교회의 목적을 기준으로 삼고 생각해 보자.

08

'소셜 미디어'는
또 하나의 사역 현장이다

: 교회의 페이스북, 인스타그램, 유튜브 활용법

온라인 사역에 대한 글을 쓰면서 소셜 미디어에 대해 언급하지 않을 수 없다. 소셜 미디어는 교회가 가장 손쉽게 온라인 사역을 펼칠 수 있는 장이 될 뿐만 아니라 교회가 적극적으로 활용해야 하는 도구다. 우리 성도들이 소셜 미디어 플랫폼에 많이 있기 때문이다.

낚시를 할 때 가장 중요한 것은 물고기가 많은 곳에 낚싯대를 내려야 한다는 사실을 기억해 보라. 우리 성도들이 어디에 가장 많은 시간을 사용하고 있을까 생각해 보면 소셜 미디어가 그중 하나다. 교회가 소셜 미디어를 통해 사역할 때 가장 중요한 점은, 각 플랫폼의 존재 목적과 사용법을 파악하는 것이다. 가장 많이 사용하고 있는 플랫폼들을 하나씩 소개하며 플랫폼 각각의 존재 목적과 사용법을 살펴보려 한다.

◦ 페이스북 ◦

페이스북은 온라인 사역에서 가장 적합한 소셜 미디어 플랫폼이다. 페이스북을 가장 많이 사용하는 연령대가 30-50대가 되어 가고 있기 때문에, 현대 교회들에게 필수적인 사역지이기도 하다. 페이스북 라이브, 페이스북 페이지와 그룹, 페이스북 메신저와 룸 등 교회 사역을 하기에 최적화된 기능들이 갖추어져 있고 지금도 계속 보완되고 있다.

우선 페이스북의 존재 목적을 생각해 보자. 페이스북이 만들어질 때 목적은 주위 사람들을 연결해 주는 것이었다. 페이스북의 사용자들은 오랫동안 연락이 끊겼던 초등학교, 중학교, 고등학교 동창을 찾아 그들의 생활을 볼 수 있는 플랫폼으로 사용했다. 하지만 서로를 연결해 주는 것보다 더 의미 있는 일을 하고 싶어진 창립자 마크 저커버그는 페이스북의 목적을 2017년도에 새롭게 소개했다. "페이스북의 목적은 공동체를 세우고 세상을 더욱더 하나 되게 하는 데 있다."

페이스북의 새로운 목적에서 교회가 주목해야 하는 단어가 있다. '공동체를 세운다'는 말이다. 매달 28억 명의 사람들이 사용하는 페이스북이 공동체를 세우는 플랫폼이 되겠다는 발표는 교회에게 희소식이다. 왜냐하면 교회는 사람들이 모인 곳, 공동체이기 때문이다.

먼저 주목할 만한 페이스북의 기능은, 페이스북 페이지와 페이스북 그룹이다. 페이지는 교회의 알림판이라고 생각하면 된다. 교회를 찾는 사람들이나 교인들에게 교회를 소개하는 일종의 알림판이라고 생각하면, 여기에 어떤 정보를 넣고 어떤 사진들을 올리며 어떤 글들을 얼마나 자주 올리면 좋을지 알 수 있을 것이다.

페이지에는 특별한 전략보다 정확한 소식을 적어 놓는 것이 가장 중요하다. 교회의 주소와 전화번호, 찾아

올 수 있는 길, 웹사이트 주소, 교회의 목적을 이루기 위해 하고 있는 사역 등을 안내하면 된다. 새로운 사람들이나 또는 교인들에게 교회를 소개하는 알림판이라고 생각하고 만들어 보자.

페이스북 그룹은 사람들이 모여 있는 곳이다. 그룹의 운영자와 구성원이면 누구든지 글을 올릴 수 있다. 새들백교회 온라인 캠퍼스 페이스북 그룹을 보면 8,000여 명 정도의 멤버가 있고, 하루에 적어도 5-10개 정도의 글이 올라온다.

은혜 받은 말씀을 나누는 내용도 있고, 기도 요청을 하는 글도 있으며, 기도 응답의 기쁨을 나누는 글들도 있다. 그룹을 만들면 글을 쓰는 용도로 가장 많이 사용하겠지만, 그룹 관리자는 페이스북 라이브나 와치 파티(Watch Party) 등을 통해 다양한 프로그램을 진행할 수도 있다.

페이스북의 목적대로, 그룹이 우리 교회 공동체라고 생각하고 교회의 사역 중 전환 가능한 것들은 이곳으로 전환해 보자. 그런 의미에서 우리 교회의 온라인 모임 장소(Virtual Space)라고 생각해도 좋다.

페이스북 그룹은 꼭 교회가 하나만 만들고 그곳에 모두 다 있을 필요는 없다. 처음에는 페이스북 그룹에 모든 이들을 모으는 것에 대해 불편함을 느낄 수 있기 때문이다. 그렇다면 사역별로 그룹을 만들어도 된다.

페이스북 그룹을 하면서 다른 교회와 비교하지 말아야 할 것은 그룹에 가입된 구성원들 숫자다. 숫자로 인해 교회 출석 인원이 얼마나 되는지 다른 교회에 드러날까 봐 걱정할 필요도 없다. 이보다 중요한 것은, 멤버들이 이 그룹을 통해 은혜를 나누는 것, 그리고 교회의 꾸준한 사역이 이어지는 것이다.

페이스북 그룹을 소개할 때면, 그룹의 보안에 관한 질문을 많이 받는다. 일종의 공공장소에 교인들을 모아 놓은 것인데, 이단이 침입하면 어떻게 하냐는 질문이다. 보안과 안전은 누구에게나 중요하기 때문에 페이스북 그룹은 내가 안전하게 하고 싶은 만큼 보안을 설정할 수 있다. 누구나 그룹에 등록하게 할 수 있고, 그렇지 않으면 등록 절차를 통해 검증된 교인만 받아도 된다.

혹시 사용자가 등록 절차를 속이고 들어왔더라도 보

안상 문제가 되면 바로 퇴장시킬 수 있다. 성도들이 위험에 노출될까 걱정하기 보다는, **위험에 노출되더라도 성도들이 이 도구를 통해 신앙적으로 성장할 수 있으리라는 믿음과 용기가 필요하다.**

다음은 페이스북 라이브를 소개하고자 한다. 이것은 큰 교회, 작은 교회를 불문하고 너무 좋은 도구이다. 교회가 라이브를 사용할 때는 교회 그룹 안에서 사용하는 것이 가장 좋다. 개인 채널에서 해도 되지만, 그룹에서 사용하면 그룹이 활성화될 뿐만 아니라 구성원들에게도 알려지고 우리만의 시간과 프로그램이라는 인상을 남기기 때문에 소속감도 갖게 해 준다.

또 목회자와 그룹 운영자가 정규적으로 라이브 방송을 진행하면 교회 안에서 뿐만 아니라 어디에서든지 사역이 진행될 수 있다. 수요 기도회를 페이스북 라이브를 통해서 인도한다고 생각해 보자. 목회자가 카메라를 보면서 메시지를 전하고 댓글에 달리는 기도 제목들을 놓고 함께 기도하면, 통성 기도하는 서로의 목소리를 듣지 못해 낯설지는 몰라도 하나님은 그 기도도 들으시고 그 모임도 기뻐하실 것이다. 이게 디지털 시대의 기도 모임이 될 것이다.

　페이스북 라이브를 통해 예배를 함께 드리는 것도 좋다. 물론 대면으로 함께 모여 예배드리는 것이 좋지만, 전문가들이 말하듯이 코로나 바이러스 이후에도 또 다른 전염병들이 모임을 어렵게 한다면 페이스북 라이브를 통해 쉽게 예배를 송출할 수 있다.

　핸드폰과 삼각대 하나로 예배를 시작한 교회들도 굉장히 많다. 손쉬운 사용법이 페이스북 라이브의 가장 큰 장점이고, 자원이 있는 교회들은 장비를 보완해 더욱더 역동적인 예배 실황을 방송할 수 있다.

◦ 인스타그램 ◦

지금 가장 핫한 소셜 미디어 플랫폼은 단연 인스타그램일 것이다. 이것은 페이스북보다 주 사용자의 연령대가 좀 더 젊은 소셜 미디어이므로, 미래를 생각하는 교회라면 계정을 반드시 가지고 있어야 될 것이다. 교회가 인

인스타그램의 바이오와 피드

스타그램을 잘 사용하기 위해서는 역시 이 플랫폼의 목적과 용도를 잘 알아야 한다.

인스타그램은 사진과 비디오로 서로의 삶을 들여다보는 것이라 할 수 있다. 서로의 피드나 스토리를 보면서 상대방이 어떻게 살아가고 있는지 알게 되고 확인할 수 있다. 그렇기 때문에 교회도 인스타그램을 사용하려면 교회의 모습을 사진과 비디오로 잘 표현해야 한다. 이 목적을 이루기 위해 교회가 인스타그램을 사용할 수 있는 방법 세 가지를 소개한다.

바이오와 피드

바이오는 그 사람의 인스타 계정을 선택해서 찾아갔을 때 처음 보이는 프로필 사진과 계정에 대한 정보이다. 바이오는 기본적인 것이라고 여겨서 별 생각 없이 만들기 십상이다.

그러나 교회는 처음 방문하는 사람의 관점으로 바이오를 만들어 놓아야 한다. 한눈에 알아볼 수 있는 교회의 로고 혹은 상징적 건물의 모습을 프로필 사진으로 넣고, 명확한 교회 혹은 사역 이름이 기재되어 있어야 한다. 여기서 주의를 기울일 것은, 동일하거나 비슷한 교회 이름이 있을 수 있기 때문에 지역 이름도 함께 써 놓는 것이다. 교회를 소개하는 짧은 글과 함께 교회 웹사이트로 링크를 걸어 놓으면 가장 좋다.

바이오를 작성한 이후에는 피드에 사진과 비디오를 채워 나가자. 피드는 사진과 프로필로 교회의 이야기를 전하는 것인데, 이를 올릴 때 명심할 기준은 글 없이 사진과 영상으로만 교회를 소개한다는 것이다. 그러므로 교회의 목적과 가치를 표현하는 내용의 사진이나 영상들이 좋다.

새들백교회 피드에 올라오는 콘텐츠들도 교회의 다섯 가지 목적(예배, 친교, 제자훈련, 섬김, 전도/선교)에 참여하고 있는 성도들과 교회의 모습이 대부분이다. **이와 같이 바이오에는 정확하게, 피드에는 명확하게 교회를 소개하는 콘텐츠들을 담도록 하자.**

IG 스토리

인스타그램을 통해 사역할 때 사용할 두 번째 기능은 IG 스토리이다. 스토리는 사용자가 인스타그램을 켰을 때 가장 위에 보이는 것이다. 웹사이트나 앱에서 가장 중요한 자리가 스크린 위쪽인 점을 감안하면, 스토리가 인스타그램에서 차지하는 비중이 굉장히 크다는 것을 알 수 있다. 요즘에는 피드에 사진과 영상을 올리기보다 스토리를 많이 사용하는 경향이다.

스토리의 특징은 올릴 수 있는 사진이나 영상의 최대 시간이 15초라는 것이고, 또 24시간 후에는 그 콘텐츠가 없어진다는 것이다. '15초짜리 짧은 컷과 24시간 뒤면 없어질 콘텐츠에 우리의 귀중한 시간을 할애할 필요가 있을까'라는 질문이 들겠지만, 그만큼 사용자들이 관심을 갖고 들여다보는 곳이 스토리이다.

스토리를 통해 교인들과 소통할 수 있는 내용들이 올라가고, 교회에 오지 못한 이들도 교회에서 진행되는 일들을 볼 수 있다면, 교인들은 주중에도 계속 교회와 연결되는 느낌을 가질 수 있을 것이다.

피드가 교회의 목적과 가치를 사진과 영상으로 소개하는 것이라면, 스토리는 하루하루의 교회 모습을 나눔으로써 교인들과 소통할 수 있는 통로다.

IGTV

마지막으로 소개할 인스타그램의 기능은 IGTV이다. IGTV는 2018년 6월에 인스타그램이 비장하게 출시한 기능이다. 스토리에는 15초짜리, 피드에도 1분짜리 밖에 올리지 못했던 과거와 달리 1분 이상의 영상을 올리는 영상 채널이다.

사진을 나누는 것이 주 기능이었던 인스타그램이 비디오 채널인 유튜브를 겨냥하여 만든 기능이라고 한다. 비디오 시장을 점유하기 위해 만들어진 기능이기 때문에, 인스타그램의 알고리즘은 피드나 스토리보다 IGTV에 올리는 영상이 관련 사용자들에게 더 노출되도록 되어 있다.

2020년에 인스타그램 컨퍼런스가 열렸는데, 그때 라이프교회의 소셜 미디어 사역 담당자 보 코프론(Beau

Coffron)은 IGTV에 올리는 영상이 피드에 올리는 영상보다 늘 3-4배 더 노출된다고 말했다.

그렇다면 IGTV에는 어떠한 영상을 올리면 좋을까? 교회 사역 하이라이트 영상들과 설교 중 임팩트 있는 부분을 편집해 IGTV에 올리는 것을 권장한다. 1분이 넘는 영상 메시지를 교인들에게 남겨도 좋다. 이렇게 각 플랫폼의 목적과 용도를 잘 살려 소셜 미디어를 통해 사역할 때, 분명히 새로운 영혼이 교회로 오게 될 것이고 기존 교인들도 교회와 친밀하게 소통하게 될 것이다.

◦ 유튜브 ◦

교회가 유튜브까지 생각할 필요가 있을까? 유튜브는 온라인 사역에 있어서 반드시 필요한 도구이고, 교회에 도움이 될 플랫폼이기에 사용할 것을 권한다.

유튜브는 페이스북이나 인스타그램과 다른 성향과 목적을 갖고 있다는 점을 먼저 알아야 한다. 페이스북과 인스타그램은 소셜 네트워크로서 사람과 사람 간의 사회성을 돕는 도구이고, 유튜브는 검색 엔진 플랫폼이다. 곧 네이버나 구글과 같이 무엇인가를 검색하면서부터 사용하게 되는 플랫폼인 것이다. 유튜브 사용자들이 무엇인가를 검색하기 위해 유튜브를 찾는다는 점을 생각하면, 교회가 어떤 영상을 올릴 것인지에 대한 기준이 잡힐 것이다.

현재 많은 교회가 유튜브를 설교 저장 창고나 교회 미디어 창고로 사용하는 것 같다. 이렇게만 사용해도 유튜브가 교회에 도움이 되긴 하지만, 예배를 유튜브로 드리는 성도들을 생각하면 몇 가지만 바꿔도 훨씬 더 도움이 될 것이다.

만일 유튜브 라이브로 예배를 드리는 것이 아니고 녹화 영상을 올리는 것이라면, 유튜브로 예배를 드리는 이들이 교회에 어떻게 참여할 수 있을지 혹은 설교에 어떻게 반응할 수 있을지 안내하는 프리롤(Pre-roll)과 포스트롤(Post-roll)이 있어야 한다.

유튜브를 통해 예배자가 예배에 잘 참여할 수 있도록 해야지, 그저 한번 보고 끝나는 것이 되어 버리면 유튜브를 통해 사역할 수 있는 좋은 기회를 놓치는 것이다.

프리롤은 예배를 시작하기 전에 사회자가 나와 유튜브로 예배를 드리는 이들에게 따로 환영 인사를 하는 것이다. 짧은 환영 인사와 함께 그들이 예배에 참여할 수 있는 다음 단계(예: 커넥션 카드)를 소개하면서 예배로 초대하는 것이다. 녹화된 영상이지만, 예배자를 환영하고 참여의 자세로 인도해 주면 영상을 보는 이들의 태도가 관람에서 참여로 바뀌게 된다.

녹화된 예배 영상이 끝난 후에는, 포스트롤을 남기는 것이 좋다. 이것은 프리롤을 했던 사회자가 다시 나와 함께 예배드릴 수 있어서 감사하다는 표현과 함께 다음 단계에 대해 안내하는 것이다. 예를 들어, 웹사이트를 소개하거나 현재 진행되고 있는 사역들을 소개하거나 설교를 들은 후에 성도가 적용할 수 있는 몇 가지 내용을 안내하면 된다.

매주 새로운 프리롤과 포스트롤을 녹화해야 하는 것인지 고민된다면, 3개월에 한 번 혹은 6개월에 한 번씩 바꿔도 된다. 일반적인 환영 인사와 소개하는 내용들을 녹화해 놓으면 매주 새롭게 녹화하지 않아도 된다.

유튜브를 조금 더 진취적으로 사용하고자 하는 교회는 유튜브를 통한 미디어 사역을 펼칠 수도 있다. 유튜브는 지금도 사용자가 굉장히 많아서 미디어 사역을 하기에 좋은데, 앞으로 성장 가능성이 더 큰 플랫폼이다. 2020년 12월 기준으로 매일 3,000만 명의 방문자가 있고, 매일 50억 개의 영상이 재생되고 있다고 한다.

하지만 더 놀라운 점은, 이 숫자가 계속해서 늘어나고 있고 5년, 10년 후에는 사람들이 유튜브에 쏟는 시간이 배가 될 것이라는 점이다. 인터넷 미디어이기 때문에 젊은 사람들만 사용한다고 생각하여 간과할 수도 있는데, 유튜브는 40-60대 이용자들도 굉장히 많다.

현재의 높은 이용률과 미래의 가능성을 볼 때, 유튜브에 어떤 콘텐츠를 만들 것인지 고민해 봐야 한다. 이 질문에 대한 답은 유튜브가 검색 엔진이라는 것을 생각하면 쉽게 나온다. 본인이 섬기고 있는, 혹은 섬기고자 하는 성도들이 가장 많이 검색할 만한 내용을 담은 콘텐츠를 만들면 된다.

코로나 시대가 되면서 많은 교회와 사역자가 힘들게 영상을 찍고 편집하는 모습을 본다. 그런데 한 가지 안타까운 점은, 브이로그나 사역 하이라이트 영상 같은, 검색률이 낮은 영상 제작에 많은 시간을 할애한다는 것이다. 지금 섬기고 있는 대상이 검색할 만한 단어를 키워드로 선정하고, 그것에 대한 성경 말씀이나 삶의 지혜를 나누는 영상을 제작하자. 그것이 더 유익하고 많은 사람이 시청하는 콘텐츠가 될 것이다.

그러면 사역 대상이 검색할 만한 주제를 어떻게 찾을 수 있을까? 이 질문에 대한 답으로 나는 다시 한번 '실질적 필요'(felt needs)를 이야기하고 싶다.

하나님은 모든 사람의 삶의 여정 속에 매 때마다 실질적 필요를 남겨 두셨다. 청소년들은 사춘기를 거치면서 몸의 변화와 이성에 대한 관심으로 어쩔 줄 몰라 한다. 만일 청소년들이 이런 변화를 어떻게 받아들여야 하는지 자기 교회 전도사님이 방향을 잡아 주는 영상을 유튜브로 본다면 굉장히 큰 도움이 될 것이다.

이런 영상이 꼭 필요한 이유는, 아이들이 중요한 시기

에 비기독교적인 영상을 보고 그대로 받아들여 생각이 굳어 버리기 쉽기 때문이다. 또 대학교를 졸업하고 청년의 시간으로 들어서면 진로와 결혼에 대해서 고민하게 되는데, 이 주제에 대한 콘텐츠를 올린다면 청년들에게 큰 유익이 될 것이다.

이렇게 유튜브를 통한 미디어 사역을 적극적으로 하려는 교회는, 유튜브가 검색 엔진이라는 것을 명심하고 고민해 보라. 이 부분을 잘 고민하면서 콘텐츠와 커리큘럼을 만들어 갈 것을 권한다.

◦ 우리 교회는 페이스북, 인스타그램, 유튜브를 잘 사용하고 있는가? 잘 활용하지 못한다면 어떠한 점이 보완되어야 하는가?

◦ 세 가지 플랫폼 중에 앞으로 6개월 동안 한 가지에 집중해야 한다면 어떤 플랫폼을 선택하고 어떻게 준비해 갈 것인가?

09

포기하지 않고
온라인 사역을 하고 싶다면

: 통계와 이야기를 꾸준히 기록하기

코로나 바이러스와 함께 온라인 사역을 시작한 교회들과 사역자들이 가장 어려워하는 부분은 열매가 보이지 않는다는 것이다. 카메라를 보고 설교를 하자니 이게 잘 전달됐는지 모르겠고, 카메라와 마이크를 끄고 아이들과 소그룹 성경공부를 하자니 아이들이 화면 너머에 있는지 없는지 모르겠고, 열심히 하는데 반응도 바로 보이지 않기 때문에 쉽게 지치게 된다.

온라인 사역을 하면서 가장 많이 듣는 질문 중 하나가 "어떻게 그렇게 오랫동안 지치지 않고 온라인 사역을 할 수 있느냐?"는 것이다. 감사하게도 나는 온라인 사역을 이미 2013년도부터 해 온 선임 목사의 지도 덕분에 온라인 사역의 열매를 볼 수 있는 눈을 갖게 되었다. 그것이 큰 도움이 되었다. 그 이야기를 나누려고 한다.

온라인 사역은 새로운 사역의 모습이기 때문에 그 열매도 새로운 모습이라는 사실을 명심해야 한다. 가장 중요한 것은, 이 사역이 본교회의 목적대로 진행되고 있다면 교회가 중요시 여기는 K.P.I로 드러난다는 것이다.

새들백교회의 예를 다시 한번 들자면, 이 교회의 가장 큰 열매는 성도들이 온라인 사역을 통해 다섯 가지 목적을 삶에서 나타내며 살아가는 것이다. 그리고 이 목적이 이루어지기까지 온라인 팀이 계속 주목하는 열매들이 있다.

그것은 한 영혼이 온라인 예배를 통해 커넥션 카드를 작성하는 것, 온라인 소그룹에 등록하는 것, 리더가 되는 것, 세례를 받는 것, 그리고 훈련반을 마치는 것 등이다. 이러한 열매들을 보고 기뻐할 줄 알아야 지치지 않고 온라인 사역을 감당해 나갈 수 있다.

온라인 사역의 열매들을 보는 눈을 갖기 위해 우리 사역 팀이 늘 주시하는 두 가지가 있는데 첫 번째는 통계이고, 두 번째는 이야기이다.

통계는 오랫동안 사역을 하면서 나타난 열매들을 한눈에 볼 수 있는 좋은 자료인데, 어떤 자료들을 모아 통계를 낼 것인가가 중요하다.

한 달에 한 번 보고하는 K.P.I.를 소개했었는데, 나는 이것을 연말에 모아서 일 년 동안 새롭게 시작된 소그룹 숫자와 훈련을 마친 숫자들을 따로 통계를 낸다. 이 숫자는 온라인이라는 도구를 통해 삶이 변해 가고 있는 영혼들의 숫자를 말해 주기 때문에 큰 도움이 된다.

이와 같이 온라인 사역에 있어서 중요한 숫자들을 지속적으로 모아서 통계 내는 것을 권장한다. 예를 들어 웹사이트를 방문하고 교회를 찾아 등록한 교인들 숫자를 세어 본 적 있는가? 커넥션 카드를 만들었다면, 커넥션 카드 작성자 수를 세어 본 적 있는가? 온라인을 통해 제자반을 마친 성도의 수, 온라인을 통해 드려진 헌금의

액수 등도 세어 보라.

교회의 중요한 지표들을 모아 통계를 내 보면 온라인 사역팀의 열매가 보인다. '숫자 세는 게 중요한가? 사역자의 만족감만 채우는 것 아닌가?'라고 생각할 수 있지만, 미국 교회에서 숫자를 세는 데는 이유가 있다. 숫자 하나하나가 한 영혼 한 영혼을 말해 주고, 그 영혼들의 삶에 하나님이 하시는 일을 말해 주기 때문이다.

◦ 이야기의 힘 ◦

두 번째 주목해야 하는 열매는 이야기이다. 새로운 온라인 사역으로 인한 열매에 집중하다 보면 성도들의 간증이 들릴 것이다. 확신한다. 성도들이 받은 은혜를 나누는 이야기에 귀 기울이다 보면 온라인 사역을 통해 받은 은혜들이 있을 것이다. 이 이야기들을 그저 한 사람의 간증으로 듣고 끝나는 것이 아니라 온라인 사역의 열매로 남겨 두어야 한다.

내가 2017년에 처음으로 온라인 사역을 시작했을 때,

나 자신에게 물었던 질문이 있다. '새들백교회에 한 번도 와 보지 않은 사람이, 온라인으로 새들백교회의 비전을 받고 자신의 자리에서 목적이 이끄는 삶을 살아가는 경우가 한 건이라도 있을까?' 반신반의하는 마음으로, 어찌 보면 이 가능성을 확인하고 싶은 마음으로 이 사역에 뛰어들었는지도 모른다.

그렇게 사역하던 중 이 질문에 '예스'라는 답을 준 간증이 있었다. 나는 이 내용을 담기 위해 미국 반대편에 있는 플로리다까지 가서 성도와 이야기를 나누었다. 이 이야기는 새들백교회 온라인 사역팀이 중요시 여기는 K.P.I.를 모두 담고 있는 한편, 숫자와 통계가 전하지 못하는 감격과 눈물이 있다.

이러한 이야기들이 있을 때마다 온라인 사역자들은 책임감을 갖고 기록하여 나눠야 한다. 리더들과도 나눠야 한다. 나는 이야기를 기록하러 갈 때 일부러 카메라 장비를 가져갔다. 왜냐하면 새들백교회 리더십이 중요시하는 모든 요소(영혼이 주께 돌아옴, 소그룹에 등록함, 소그룹 리더가 됨, 온전한 회복이 있음, 세례를 받음, 전도자의 삶을 살고 있음)

를 담고 있었기 때문이다. 그리고 이 영상을 릭 워렌 목사님께도 전해드렸다. 자랑하기 위해서가 아니라 온라인 사역팀이 새들백교회의 목적을 이루고 있다는 것을 알리는 게 나의 책임이기도 하기 때문이다.

통계가 오랜 시간 동안의 사역의 효율성을 말해 준다면, 이야기는 순간순간의 감격을 담고 있다. 그러므로 온라인 사역팀은 이 두 가지 모두를 기록해야 한다.

◦ 온라인 사역을 시작하며 (혹은 하면서) 가장 두려운 것이 무엇
인가?

◦ 온라인 사역을 통해 이루고 싶은 미래가 있는가? 온라인 사역
으로 기대되는 것들을 적어 보자.

10

온라인 사역은
답이 아니라 방향이다

: 온라인 사역의 가능성

온라인 사역은 현재의 필요성으로 인해 시작되었지만 미래의 가능성을 바라보며 준비해야 한다. 새들백교회는 1992년에 인터넷에 처음으로 등록한 교회다. 인터넷 익스플로러 혹은 넷스케이프도 없던 당시에 새들백교회가 굳이 웹사이트를 만들어야만 할 이유가 있었을까? 그때 당장 필요해서가 아니었다. 미래에 필요할 것을 알았기에 미리 준비한 것이었다.

　새들백교회는 2009년에 처음으로 온라인 예배를 녹화하여 드렸고, 2011년에는 생방송으로 진행하였으며,

2013년도에는 온라인 소그룹을 처음으로 시도해 보았다. 그때는 전염병으로 인해 교회에 모이지 못하는 시기도 아니었다. 미래에 필요할 것을 알았기에 준비한 것이었다. 2014년에 전임 온라인 사역자를 두었고, 2017년에는 내가 전임 온라인 사역자가 되면서 온라인 사역팀이 만들어졌다. 이 모든 일이, 그때 당시의 필요도 있었겠지만 미래의 가능성을 보고 준비한 것이었다.

한국 교회와 이민 교회도 미래를 바라보는 온라인 사역을 준비해야 한다. 미래의 무궁무진한 발전과, 하나님은 실수 없이 이 세상을 인도하고 계심을 믿는 믿음으로 온라인 사역의 터가 다져지고 그 위에 열매가 맺어져야 한다. 그런 의미에서 미래에 나타날 온라인 사역의 모습을 몇 가지 소개한다.

가상현실과 인공지능(VR과 AI)

VR과 AI에 대한 교회의 태도는 아직까지 반신반의인 것 같다. AI를 말하면 많은 사람이 바로 로봇이 지배하는 세상을 떠올리기 때문이다. 하지만, 가상현실과 인공지능이 가까운 미래에 현실화된다고 하면 교회 또한 이 부분을 준비하고 있어야 한다.

새들백교회는 2년 전에 온라인 사역팀에 첫 VR 고글을 주었다. 그리고 우리 사역팀의 선임 목사는 이 VR을 쓰고 미팅을 해 보자고 제안했다. 나는 이의를 제기하지 않았고 우리는 VR을 쓰고 사역 미팅을 가졌다.

이후에 나는 이 분야를 준비해야겠다는 생각이 확고해졌다. 나도 새로운 기기와 VR 또는 AI에 대해 들었을 때 반신반의하는 입장이었는데, 직접 체험해 보니 이런 미래가 생각보다 빨리 올 것이라는 직감이 들었다. 지금 당장은 사용하는 것이 불편하고 어색하지만, 분명 기능이 보완될 뿐만 아니라 사용이 보편화될 가능성이 높다.

VR과 AI를 주시해야 하는 이유 중 하나는, 글로벌 기업인 페이스북과 애플이 투자하고 개발하는 분야이기 때문이다. 뿐만 아니라 한국의 대표 기업 삼성과 미국의 대표 기업 구글도 이 분야를 계속 개발해 나가고 있다. 페이스북과 애플, 삼성과 구글의 사용자를 합하면 아마 전 세계 인구 대부분일 것이다.

이 네 기업이 VR과 AI의 개발에 집중하고 있다면, 이런 기기들과 가상현실이 일상 속으로 들어올 날이 얼마 남지 않은 것이다. 교회는 그때 가서 또 급하게 대처할 것이 아니라 지금부터 잘 준비해 나가야 하지 않을까 생각한다.

∘ 교단을 초월한 협력(Collaboration) ∘

새들백교회 온라인 사역팀에 합류한 이후, 새롭게 알게 된 사실이 있다. 선임 목사와 함께 미국에서 온라인 사역을 하는 네트워크 모임에 갔는데, 6개의 대형 교회에서 각각 2명씩 모인 것이다.

미국도 당시에는(2018년) 온라인 사역이 대중화되지 않았기 때문에 모임의 규모가 크지는 않았다. 새들백교회를 포함한 몇 교회와 전문 온라인 사역 단체가 한자리에 모였다. 이 모임은 18개월에 한 번씩 이틀 동안 만나서, 각 교회에서 하고 있는 온라인 사역과 앞으로 기획하고 있는 사역 계획들을 나누고 검토하는 시간을 가졌다.

이 모습에 나는 굉장히 놀랐다. 한국 교회에 있을 때는 주위에 있는 다른 한인 교회들과 만나는 경우가 거의 없었고, 만나더라도 교회 사역 이야기는 하지 않았었다. 누가 가르쳐 준 것도 아닌데, 집안에 내려오는 무슨 비밀이라도 되는 것처럼 내 교회의 사역 이야기를 절대 하지 않는 습성이 있었던 것이다.

그날 나는, 내로라하는 대형 교회들이 한자리에 모여 1년에서 5년까지의 계획을 나누고 한 팀이 된 것같이 서로 피드백을 주고받는 모습을 보면서 '아, 이게 미국 교회의 힘이구나'라는 생각을 했다.

한국 교회나 한인 교회 중에서는 아직까지 온라인 사역을 대표할 만한 교회가 없다. 이 사역이 발전하고 활발해지기 위해서는 교회와 교단을 초월하는 협력, 즉 콜라보레이션이 필요하다고 생각한다. 한 교회의 발전을 위해서가 아니라 다음 세대 아이들과 한인 디아스포라를 깨우고 무장시키기 위해서 교회 리더들의 단합이 필요하다.

또한 교회들이 서로의 자료와 콘텐츠를 나누는 것을 자연스럽게 여기는 문화가 조성되어야 한다. 미국 교회에서 사역하면서 또 한 번 놀랐을 때가 있는데, 새들백교회의 소그룹 커리큘럼에 노스포인트교회의 소그룹 교재가 포함돼 있는 것을 발견했을 때다. 그때 '새들백교회 정도 되면 비슷한 교재를 만들 수 있지 않나?'라고 생각했는데, 또 한편으로는 '아, 좋은 건 공유하고 각 교회들은 잘할 수 있는 것에 집중하니까 미국 교회가 계속해서 새로운 것을 창조해 나갈 수 있는 거구나'라는 생각도 들었다.

물론 새들백교회도 비슷한 교재를 만들 수 있었을 것이다. 하지만 다른 교회에서 이미 시간을 들여 조사하고 제작한 소그룹 교재가 우리 교인들에게 필요한 내용이라면 그것을 적극적으로 사용하고, 우리는 또 다른 교재를 제작하면 되는 것이다. 이렇게 할 때 두 교회 모두 성장할 수 있고, 시너지 효과가 나타나 다른 많은 미국 교회들도 도움 받는 것을 확인했다.

교단을 초월하는 것은 물론 온라인 사역의 발전과 각

교회의 성장을 위한 협력이 많이 나타나길 소망한다. 이러한 협력이 많이 나타날 수 있게 각 교회의 역할을 알아 보자.

∘ 도전이 가능한 작은 교회 ∘

나는 온라인 사역에서 개척 교회나 작은 교회가 오히려 유리하다고 생각한다. 노스포인트교회의 앤디 스탠리 목사도 교회의 새로운 모델은 큰 교회에서 나오기 어렵다고 이야기했다.

그는 팟캐스트에서 영국 작가 알 리스(Al Ries)의 말을 응용하며 "다음 세대 교회의 모델은 전 세대 교회 모델에서 나오기 힘들다"라고 말했다. 전 세대 교회는 그 세대의 모델을 보존하기 위한 태도와 문화에 이미 젖어 있기 때문이라고 한다. 이어서 큰 교회는 다음 세대의 아이디어와 모델을 피하고 거절하는 성향이 있다는 이야기를 더했다.

코로나 시대를 통과하면서 분명히 교회의 모델은 바

꿜 것이고 온라인 사역은 더욱더 활발해질 것이다. 이러한 면에서 볼 때, 작은 교회와 개척 교회는 새로운 교회 모델을 만들기에 유리한 위치에 있다고 할 수 있다. '이게 될까? 이렇게 해도 되나?'라고 생각되는 것들은 일단 도전해야 한다.

새로운 예배의 모습을 시도해 보자. 오프라인에 적합한 예배당을 만들기 전에 온라인 예배에 적합한 예배당을 만들어 보자. 소셜 미디어를 통해 교회 사역을 넓히고, 소셜 미디어에 광고도 내 보자. 웹사이트를 멋지게 만들어 보자. 어플을 이용해 온라인 커뮤니티를 만들어 보자. VR을 사용해 보자. 온라인 사역의 새로운 패러다임과 새로운 모델은 작은 교회나 개척 교회에서 나올 가능성이 높다.

∘ 자원이 풍부한 큰 교회의 책임 ∘

그렇다면 큰 교회는 온라인 사역을 어떻게 꾸려 나가야 하는가? 우선 앞서 말한 것같이 '무엇인가 지키려는 태도'에서 '새로운 아이디어를 환영하는 태도'로 변해야 한다. 앤디 스탠리 목사는 동료가 새로운 아이디어를 제시했을 때 "어떻게?"라고 반응하지 말고 "와, 놀랍다!"라고 반응하자는 이야기를 동료들과 나눴다고 한다.

새로운 아이디어가 제시될 때 "어떻게?"라고 물으면 논리적인 왼쪽 뇌를 건드리게 되고 그러면 새로운 아이디어가 개발되기 어렵다. 하지만 "와!"라고 반응하면 상상력을 동원하는 오른쪽 뇌를 건드리기 때문에 아이디어가 계속 개발된다고 한다. 큰 교회들은 새로운 아이디어에 대해 마음을 열고 시도해 봐야 한다.

큰 교회의 장점은 인적, 물리적 자원이 많다는 것이다. 이로 인해 다방면에서 새로운 온라인 사역의 모델이 나올 수 있다. 교회에서 비교적 작은 팀이었던 우리는 한 가지에만 집중해 왔었다. 하지만 코로나 이후 모든 사역팀이 온라인으로 전환되면서, 온라인 청소년 프로그램, 온라인 재정 훈련 프로그램, 온라인 중독 회복 프로그램, 온라인 상담 프로그램 등 여러 방면으로 발전해 나가기 시작했다.

이와 같이 온 교회와 팀들이 온라인으로 사역을 펼치게 되면, 여러 방면에서 굉장히 빠른 속도로 새로운 모델이 나올 수 있을 것이다. 소그룹 커리큘럼도 큰 교회에서 많이 나올 수 있다.

나는 개인적으로 온라인 소그룹 교재의 붐이 일어날 것이라고 예상한다. 만약 정말로 한국 교회가 미국 교회보다 5년 정도 뒤에 있다고 가정한다면, 이 책이 쓰인 지금으로부터 5년 뒤 한국 교회에 다양한 온라인 소그룹 커리큘럼들이 만들어지지 않을까 생각한다. 왜냐하면 지금 미국 교회들은 자원을 총동원해서 소그룹 커리큘럼을 만들기에 바쁘기 때문이다.

그렇다면 5년을 기다릴 필요가 없지 않은가. 나는 이 책을 읽는 여러분 한 명 한 명이 각자 담당하고 있는 사역의 온라인 소그룹 커리큘럼을 만들었으면 좋겠다. 소그룹 커리큘럼뿐만 아니라 좋은 미디어 사역의 모델들을 만들어 나가길 바란다. 정말 성경적이고 사회에 덕이 되는 미디어 콘텐츠들을 개발할 수 있다고 믿는다.

○ 우리 교회는 교회의 전통과 해 오던 사역 방식을 보존하려는 태도를 갖고 있는가? 아니면 미래 지향적인 태도를 갖고 있는가?

○ 내가 함께 협력을 이룰 수 있는 교회 혹은 사역이 있을까? 있다면 어떻게 협력할 수 있는지 적어 보자.

○ **교회 웹사이트를 교회와 성도들의 소통의 장으로 만든다**

- 교회 웹사이트의 기본 구조는 교회의 목적에 따라 만들어져야 한다. 메인 탭들을 교회의 목적에 따라 구성해 보자.

- 웹사이트가 소통의 장이 되기 위해서 커넥션 카드를 활용한다. 예배를 드린 후 말씀에 대한 반응을 적고 교회에 알리는 카드다. 온라인 예배 영상 밑에 디지털 폼을 만들어 예배를 드린 후 간단한 적용점을 체크해서 보낼 수 있도록 돕는다.

○ **소셜 미디어의 목적과 사용법을 정확하게 파악해 활용한다**

- 페이스북의 '페이지'를 활용해 교회를 알릴 수 있고, '그룹'을 활용해 교회의 온라인 모임 장소를 만들 수 있다. 페이스북 '라이브'를 통해 손쉽게 예배나 기도회를 송출할 수 있다.

- 인스타그램 '바이오'와 '피드'를 활용해 교회의 모습을 사진과 비디오로 잘 표현해야 한다. 이외에도 IG스토리 및 IGTV를 활용할 수 있다.

- 유튜브로 예배 녹화 영상을 올린다면, 예배를 드리는 이들이 설교에 반응하도록 안내하는 프리롤과 포스트롤이 있어야 한다.

- 유튜브는 검색 엔진 플랫폼이다. 본인이 섬기고 있는 성도들이 가장 많이 검색할 만한 내용을 담은 콘텐츠를 만들자.

○ **온라인 사역의 통계와 이야기를 기록한다**

- 온라인 사역은 새로운 사역의 모습이기에 그 열매도 새로운 모습이라는 사실을 명심해야 한다.
- 열매를 분별하는 안목을 갖추기 위해 통계와 이야기를 주시해야 한다. 그리고 그 통계와 이야기를 기록하고 나누는 것이 중요하다.

2019년 여름, 노스캐롤라이나주에 있는 소그룹 리더에게 이메일 하나를 받았다. "케빈, 플로리다에 우리 온라인 소그룹 멤버가 있는데 세례를 받고 싶어 해요. 혹시 당신이 가서 세례를 줄 수 있을까요?" 메일을 받았을 때 나는 '왜 이 리더가 이렇게 어려운 부탁을 하는 거지?' 생각하며 투덜댔다. 그리고 내가 바로 갈 수는 없으니 다른 방안을 찾아보자고 회신했다.

그런데 시간이 좀 흐른 뒤, 마음에 한 가지 질문이 떠올랐다. 실은 내가 온라인 사역을 시작한 이후 늘 갖고 있던 질문이었다. "단 한 번도 우리 교회에 발을 디디지 않은 사람이 교회 온라인 사역을 통해 예수님을 만나고, 그리스도의 장성한 분량까지 이르러 복음을 전하는 자의 삶을 살아갈 수 있을까?"

그때, 플로리다에 있는 소그룹 멤버가 세례를 받고 싶어 한다는 내용의 메일과 이 질문이 연결되면서 내 마음에 갑자기 기대감이 생겨나기 시작했다. '이 질문에 대한 답을 확인할 수 있지 않을까?' 하는 기대감을 갖고 플로리다의 그 소그룹 멤버에게 전화했고, 하나님이 온라인 사역을 통해 그녀의 삶에 하신 일들을 들었다. 그리고 나는 비행기를 타기로 결심했다.

플로리다에서 그녀를 만나 이야기를 들어 보니, 집 밖으로 나갈 수 없는 상황에서 온라인 예배를 접했고 온라인 소그룹에 등록했으며 예수 그리스도를 자기 삶의 구주로 영접한 것이었다. 그래서 세례를 받고 싶었다고 했다.

많은 교회가 온라인 사역에 뛰어들기를 주저하는 마음을 이해한다. 아마도 내가 온라인 사역을 시작하면서 가졌던 마음과 비슷할 것이다. '온라인 사역이 정말 사역일까? 신학적으로 맞는 모습일까? 욕먹으면 어떡하지? 효과적이긴 할까?'

그러나 온라인 사역에 대한 수많은 질문과 의심, 두

려움 뒤에는 엄청난 기회와 가능성이 있다. 무엇을 위한 가능성인가? 예수 그리스도를 모르는 이들이 예수님을 만날 수 있는 가능성이다. 내가 플로리다에서 만났던 사람처럼 말이다.

새들백교회에서 섬긴 지 1년 정도 됐을 때 선임 목사에게 이런 질문을 한 적이 있다. "왜 나를 뽑았습니까?" 그때 선임 목사의 대답이 아직까지도 내 마음에 울린다. "한국인이어서." 내가 한국인이어서 뽑았다는 말이다. 무슨 뜻인지 조금 더 물어보니, 그는 한국이 세계에서 IT 최강국이니 한국 교회에서도 당연히 온라인 사역이 잘 진행되고 있을 거라고 생각했다고 한다.

이 말을 들었을 때 두 가지 감정이 교차했다. 우선, 내가 한국인이라는 점이 무척 자랑스러웠다. 미국과 전 세계에 영향을 주는 새들백교회에서 한국인이라는 사실 때문에 나를 뽑았다니, 내 조국에 대해 자랑스러움을 느꼈다.

하지만 또 다른 감정이 동시에 느껴졌다. IT업계에서 세계를 주도하는 한국인데, 한국 교회에서는 온라인 사역에 대한 좋은 사례를 찾을 수 없다는 점이 안타까웠다. 이 두 가지 감정 속에서 지난 4년 동안 온라인 사역을 해 왔고, 그 내용들을 정리하여 이 책에 담아 봤다.

책을 마무리하며 큰 기대감이 든다. 한국이 IT 최강국으로 알려져 있듯, 한국 교회도 코로나와 함께 시작된 온라인 분야에서 새로운 사역들을 세워 나갈 것이다. 교회들 간에 아름다운 협력이 이루어지고 그로 인해 하나님 나라가 더욱 확장될 것을 기대한다.

그 아름다운 움직임에 이 책이 조금이라도 보탬이 되길 바라며, 한국 교회와 디아스포라 이민 교회를 응원한다.

이 책을 읽은 후에 온라인 사역을 시작하기로 마음먹은
교회와 사역자는 다음 일곱 가지 질문을 꼭 한번 생각해
봐야 한다. 이 질문들에 대한 절대적인 답은 없다. 각자
의 신념과 교회의 비전에 따라 답은 다를 수 있다. 하지
만, 온라인 사역이 바르게 자리를 잡는 데 있어서 다음
일곱 가지 질문이 큰 도움이 될 것이라고 믿는다.

1. 온라인 사역의 범위는 어디에서부터 어디까지가 될 것인가?

스티븐 코비(Stephen Covey)의 《성공하는 사람들의 7가
지 습관》(김영사)이라는 책에 보면 "끝을 생각하고 시작
하라"(Start with end in mind)라는 말이 있다. 우리는 무엇인가
필요성을 느낄 때 새로운 것을 시작한다. 그러나 온라인
사역을 하면서 지금 당장의 필요를 채우는 데만 급급하
다 보면, 나중에는 이 도구를 가지고 무엇을 어떻게 해
야 하는지 방향을 잡기가 어려워진다.

온라인 사역은 현재의 필요에 대응하는 사역에서 미

래의 비전을 이루는 사역으로 나아가야 한다. 그러기 위해서는, 각자 섬기는 교회나 사역지에서 온라인 사역을 통해 이르고자 하는 끝이 무엇인지 생각해 봐야 한다.

이 질문에 대한 답을 구하다 보면, 온라인 사역의 방향과 개념 그리고 어떤 식으로 사역이 진행되어야 하는지 그려질 것이다. 현재는 필요에 의해 예배, 소그룹, 훈련반, 심방 등 많은 사역이 온라인으로 전환된 상황이다. 이런 상황 가운데 온라인 사역팀이 만들어진다면, 어느 사역부터 어느 사역까지 온라인 사역팀이 맡을 것인지 경계선을 정해 놓는 게 중요하다.

온라인으로 이어 가야 하는 사역은 무엇이고, 그만두어야 하는 사역은 무엇이며, 왜 그만해야 하는지를 생각해 놓으면 온라인 사역을 시작하는 데 도움이 될 것이다.

2. 온라인 담당 사역자를 세울 것인가? 온라인 사역을 위한 예산은 어떻게 할 것인가?

지금은 코로나로 인해 급한 불이 붙었기 때문에 사역자 모두가 어느 정도 온라인 사역을 하고 있지만, 이 사역을 지속적으로 해야 한다고 생각한다면 담당 사역자가 세워지는 게 좋다. 교회 상황 상 온라인 담당 사역자를 따로 세우기 어렵다면 꼭 필요한 온라인 전략은 어떻게 세울 것인지, 온라인 사역을 펼칠 수 있는 예산은 있는지에 대해서 고민해 봐야 할 것이다.

담당 사역자를 세우는 것과 온라인 사역 예산을 잡는 것이 중형 교회와 대형 교회에게만 해당되는 사안이라고 여기는 이들도 있겠지만, 나는 그렇게 생각하지 않는다. 내가 만약 교회를 개척하거나 작은 교회의 담임목사가 된다면, 가장 먼저 온라인 사역자부터 세울 것이다. 왜냐하면 지금 당장, 그리고 앞으로 계속 온라인 사역이 차지하는 비율은 더 커질 것이기 때문이다.

그렇다면 온라인 담당 사역자는 무엇을 하고, 예산은 어떻게 쓰여야 하는가? 앞서도 이야기했듯이 온라인 담당 사역자는 온라인을 통해 교회의 비전을 이루는 데 힘써야 한다. 교회의 목적, 담임목사와 성도들이 세운 그 목적이 온라인 사역을 통해 열매 맺도록 일해야 한다.

그리고 예산은 당연히 그 비전을 이루는 데 사용되어

야 한다. 카메라를 구입할 때도 그저 예배 영상을 송출하기 위해서가 아니라, 온라인 예배를 통해 잃어버린 영혼이 주님께 돌아오도록 하기 위해 구입하는 것이 되어야 한다. 한 영혼이 예배를 통해 주님을 만나는 과정부터 고민하면서 그 통로를 구축해 나가는 게 온라인 사역자의 바람직한 모습일 것이다.

3. 우리 교회 온라인 사역팀은 홍보(마케팅)부인가? 목양부인가?

미국 교회 구조를 살펴보면 온라인 사역팀이 속해 있는 부서가 두 가지로 나뉜다. 마케팅과 관련된 부서(영상팀, 홍보팀)에 속해 있는 경우가 있고, 목회와 관련된 부서(목양팀, 소그룹팀)에 속해 있는 경우가 있다. 물론 온라인 사역팀의 범위와 영향력이 넓어지면 두 가지 사역을 다 하겠지만, 처음 시작할 때 집중해야 할 사역이 무엇인지 충분히 살펴본 후 교회 내 부서를 정하는 것이 좋다.

한번 정했다고 해서 거기에 끝까지 속해 있어야 하는 것은 아니므로, 둘 중에 하나를 반드시 선택해야 한다는 마음보다, 두 가지 사역을 다 하게 될 테지만 어디에서 시작할 것인가를 정하는 마음으로 선택하면 조금 더 쉽게 결정할 수 있을 것이다.

홍보부에서 소셜 미디어를 담당하다가 온라인 성도가 생기면 목양부로 옮겨 사역해도 좋고, 목양팀에서 온라인 소그룹을 양육하다가 교회의 사역 소개와 전도를 목적으로 하는 홍보부로 옮겨도 좋다.

새들백교회의 경우에는, 예배와 소그룹을 책임지는 목양팀에서 먼저 온라인 사역이 시작됐다. 그 덕분에 현재 온라인 캠퍼스에 속한 소그룹이 2,000개가 넘는데 이는 메인 캠퍼스 다음으로 많은 소그룹 숫자이다. 이로 인해 온라인 사역의 범위가 넓어졌고 온라인 사역자들은 마케팅팀과 끊임없이 소통하며 사역을 진행하고 있다.

현재는 온라인을 통한 전도 마케팅을 담당하는 사역자와 온라인 소그룹을 양육하는 목사가 공존하고 있다.

4. 온라인 교인을 받을 것인가? 교회에 직접 올 수 없는 영혼이 온라인 사역을 통해 교회에 등록하고자 한다면 어떻게 할 것인가?

새들백교회에서는 온라인 교인을 받고 있다. 전통적

인 교회의 관점에서는 이 말 자체가 논란의 여지가 있겠지만, 온라인 교인으로 등록하는 데에 여러 조건이 있다는 것을 알고 나면 오해의 소지가 사라지리라 생각한다.

먼저, 온라인 교인 등록을 하기 원하는 사람이 현재 속해 있는 교회가 있거나 참석하는 교회가 있다면 받지 않는다. 그 이유는 간단하다. 온라인 교인 등록을 받는 것은 교회를 다니지 않는(unchurched) 이들에게 교회가 되어 주기 위해서이기 때문이다.

현재 교회를 다니지 않고, 새들백의 18개 캠퍼스에서 약 40km 이상 떨어진 곳에 살고 있다면, 온라인 멤버 등록 자격이 주어진다. 등록 교인이 되기 위한 절차는 오프라인과 동일하다. 새가족반을 마쳐야 하고, 세례를 받아야 하고, 예수님을 구주로 영접해야 하고, 교인 등록 서약을 해야 한다.

여러분이 섬기는 교회는 온라인 교인을 받을 것인가? 온라인 사역을 통해 교인 등록을 하고 싶어 하는 이가 있다면 어떻게 할 것인가?

나는 여러 교회들이 온라인을 통해 교인 등록을 받는

것이 좋다고 생각한다. 왜냐하면 온라인 사역을 4년째
하면서 온라인을 통해 교인으로 등록하는 이들을 만나
보니, 교회가 우려하는 그런 이유는 없다는 것을 알게
되었기 때문이다. 보통 온라인 교인을 받지 않는 이유는
다음과 같은 것들을 우려해서다.

첫째, 다른 교회의 성도가 우리 교회 온라인 예배를
드리고 교인으로 등록하는 것을 우려한다. 둘째, 오프라
인 교회로 오지 않고 온라인에만 머물러 있을 것을 우려
한다. 셋째, 온라인 교인을 받겠다고 하면 다른 교회로
부터 비판 받을 것을 우려한다.

하지만, 미국 교회에서 온라인 교인으로 등록하는 사
람들을 살펴보면, 이러한 우려들이 사라지고 교인 등록
을 받는 게 필요하다는 것을 알게 될 것이다. 온라인으
로 등록하는 이들은 다음과 같은 경우가 대부분이었다.

지역에 교회가 없는 이들

주위에 교회가 없어서 교회를 나가지 못하는 경우다.
우리 교인들 중에는 옆집에 갈 때조차 30분 동안 차를

타고 가야 하는 이들이 있다. 이러한 지역에 교회가 어디 있겠는가?

한국의 경우 주변에 교회가 없어서 못 가는 경우는 없다고 생각할 수 있겠지만, 대다수의 교회들이 인구가 많은 지역에 몰려 있다. 한국 땅 전체를 생각해 보면 분명히 주위에 교회가 없어서 다니지 못하는 사람들이 있을 것이다.

안전상 교회를 다니지 못하는 이들

안전상의 이유로 오프라인 교회를 가지 못하는 경우도 많다. 이런 이유로 교회를 다니지 못하는 이들이 정말 있을까 의문이 들겠지만, 온라인 사역을 하면서 나는 얼마나 많은 영혼이 교회를 마음 편하게 오지 못하는지 알게 되었다.

교회를 가면 배우자가 폭행을 한다든지, 가족이 믿지 않기 때문에 오프라인 교회를 찾지 못하는 경우가 가장 많고, 또 글로벌적인 관점으로 보면 중동 지역에 있는 이들이 온라인 교회를 많이 찾았다. 이런 면을 생각하면, 선교를 세계에서 두 번째로 많이 하는 한국 교회가 온라인 사역을 하고 교인 등록을 받아야 하지 않나 싶다.

삶의 여러 가지 이유로 인해 교회를 다니지 못하는 이들

미국에서는 삶을 계절로 표현할 때가 많다. 유아로 시작되어 어느새 소년이 되고, 소년기를 지나 청년이 되며, 결혼을 해 중년이 되고, 마지막으로 노인이 되는 삶의 계절들이 있다. 이동이 잦은 현대에는, 한 영혼이 이러한 삶의 계절들을 지나면서 한 교회를 계속 다니기가 쉽지 않다.

미국 교회 온라인 캠퍼스를 통해 멤버가 되는 세 번째 유형을 보면, 삶의 계절이 변화할 때 오프라인 교회를 찾지 못해 온라인 교회를 찾는 경우다. 결혼, 이혼, 출산 등을 거치거나 사랑하는 사람을 잃어 고독의 시간을 보내는 이들이 온라인 교회를 찾는다. 물론 이런 때일수록 교회에 참석해서 믿음의 공동체를 통해 축하받고 위로받아야 하지만, 오프라인 교회에 전혀 출석할 수 없는 사람들이 있었다. 또한 이직이나 이사를 한 후 오프라인 교회를 단시간에 찾지 못하는 이들에게도 등록을 허용하고 있다.

각종 질병으로 인해 교회를 다니지 못하는 이들

마지막으로 온라인 교회에 가장 많이 등록하고 가장 열심을 다해 섬기는 교인들은, 각종 질병으로 오프라인 교회를 다니지 못하는 이들이다. 나는 이런 영혼들만을 위해서라도 온라인 교인 등록이 허용되어야 한다고 생각한다.

온라인 담당 목사가 되기 전에는 전 세계에 얼마나 많은 사람이 아파서 교회에 못 가고 있는지 몰랐다. 아마 지금 이 글을 읽고 있는 여러분도 몸이 아파서 교회를 못 가는 사람 한 명 정도는 쉽게 떠올릴 수 있을 것이다.

온라인 방문자에서 등록 교인이 되는 과정을 도와주다 보면 이런 말을 자주 듣는다. "나를 받아 줘서 고마워요. 만성질환으로 인해 교회를 못 나가 온라인으로 신앙생활을 하고 있는데, 그 어떤 교회도 나를 정식 교인으로 받아 주지 않았어요. 그런데 당신의 교회에서 온라인 교인 등록을 받아 준다는 말에 '이 교회가 내 교회다'라는 생각을 했어요."

젊은 나이에는 이해하지 못할 정도로 이 세상에는 굉장히 많은 질병이 있다. 질병을 앓고 있는 사람들에게 '당신의 사명은 질병으로 인해 끝났어요'라고 말하기에는 복음이 너무 강력하다. 온라인 사역팀을 섬기는 봉사자들 중에도 몸이 불편한 사람들이 많은데, 온라인 사역의 돌파구는 이들을 통해 나타난다. 소속감이 생기면 열심은 따라온다. 두 팔 벌려 환영하고 교회가 되어 주면 이들은 헌신된 모습으로 예수님을 닮아간다.

5. 교회의 비전이 온라인 사역으로 이루어질 수 있는가?

교회에 속한 온라인 사역이라면 교회의 비전과 목적을 이루어야 한다. 그러므로 온라인 사역을 시작하기 전에 교회의 비전이 온라인으로도 실현 가능한지 자문해 봐야 한다. 온라인 성도가 교회의 존재 목적을 이룰 수 있는가? 이 질문을 해야 하는 이유는, 온라인 사역이 교회의 비전을 이룰 수 있다면 그 사역은 교회의 또 다른 통로가 될 것이고, 그렇지 못하고 교회의 일부 특정한 목적만 이룰 수 있다면 특별 사역이 되기 때문이다.

새들백교회에서는 온라인 사역을 통해 교회의 비전을 이룰 수 있다. 온라인 사역팀은 성도의 삶 가운데 예배, 친교, 전도와 선교, 제자의 삶, 그리고 봉사/사역이 이루어지도록 돕는다.

그들이 예배를 드릴 수 있게 온라인 예배를 제공하고, 소그룹을 통해 친교를 나눌 뿐 아니라 속한 지역을 섬길 수 있도록 돕고, 온라인 예배와 소그룹을 통해 전도할 수 있게 교육하며, 그들이 참여할 수 있는 제자훈련반 등을 준비하고, 그들이 온라인으로 사역할 수 있는 여러 팀이 있다.

여러분이 섬기는 교회의 비전이 온라인으로 이루어질 수 있는가? 한 발 더 나아가서, 교회의 비전이 온라인만으로도 이루어질 수 있는가? 오프라인 교회에 한 번도 발을 디뎌 본 적 없는 영혼이 자신의 삶의 자리에서 본교회의 비전과 목적대로 살아갈 수 있는가?

6. 유튜브(디지털) 시대에 맞춘 온라인 설교 방법은 무엇인가?

유튜브 영상에 익숙한 사람들은 내용의 요점(main point)을 빨리 알기 원한다. 이것이 온라인 설교가 오프라인 설교와 가장 다른 점일 듯싶다. 오프라인으로 함께 모여 예배를 드리면 한자리에 있다는 점, 설교자가 앞에 있다는 점, 그리고 특별한 방해 요소가 없다는 점 때문에 예배자들은 설교의 요점이 바로 나오지 않더라도 집중하여 듣게 된다. 하지만 온라인으로 설교를 들을 때에는 방해 요소가 많기 때문에 요점을 빨리 짚어 주지 않으면 예배의 집중력을 잃기 쉽다.

지금까지 유능한 설교자들의 설교 방법이 담긴 책들을 보면 대개 훅(hook)을 사용해 예배자에게 흥미를 갖게 하고, 전개(rising action)를 통해 이야기를 준비하며, 설교의 절정에서 요점을 전달한 후 결말/적용(resolution/application)을 권면했다.

하지만 온라인으로 설교할 때에는 이 순서가 조금씩 바뀔 필요가 있다. 동일하게 훅을 이용해 예배자의 흥미를 끌고, 전개 대신 요점을 먼저 소개한다. 앞서 소개했던 패트릭 홀든 목사는 설교의 3분 안에 요점을 소개하라고 말한다. 주의 집중 시간이 점점 짧아지는 세대에게 강력한 요점을 먼저 전하고, 나머지 시간에 요점의 의미와 적용점을 제시하여 온라인 예배자들이 더욱 집중할 수 있게 도와주는 것이 새로운 설교의 모델이다.

설교자는 영원한 진리를 때에 맞춰 전달해야 하는 책임이 있다. 디지털 세대는 설교자에게 새롭게 말씀을 전

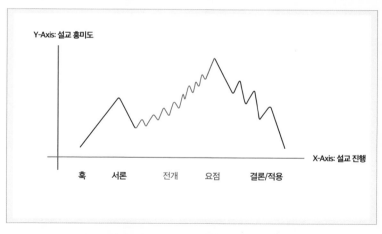

오프라인 설교 구조 : 훅-서론-전개-요점-결론/적용

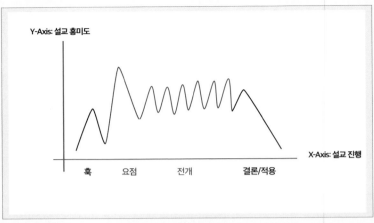

온라인 설교 구조 : 훅-요점-전개-결론/적용

할 것을 요구하고 있다. 새로운 설교의 방법을 시도해 보며 자신에게 맞는 온라인 설교 방법을 만들어 가자.

7. 온라인 성도는 교회 예식에 (어디까지) 참여할 수 있는가?

내가 많이 받는 질문 중 하나는 "온라인으로 성찬식에 참여할 수 있나요?"이다. 또 이어서 "세례도 주나요?"이다. 신기하다고 생각할 수 있지만, 온라인 사역을 시작하기 전에 이런 질문들을 꼭 생각해야 한다. 온라인 사역을 감당하는 교회만의 답이 있어야 하기 때문이다.

새들백교회에서는 온라인으로 성찬을 할 수 있게 되어 있고, 세례는 직접 와서 받거나 주변 교회에 가서 받을 수 있도록 돕는다. 그렇게도 할 수 없는 상황이라면 주위에 이미 세례를 받은 사람과 함께 세례 교육을 한 후, 그 지인이 세례를 베풀 수 있게 한다.

성찬과 세례는 예수님을 기억하는 교회의 기둥과 같은 예식이다. 각 교회는 온라인 사역을 할 때 이 부분에 대해 어떻게 진행할 것인지 고민해 봐야 한다.

8. 온라인 사역이 시작된 후 6개월 안에 나타나야 할 열매는 무엇인가?

나의 개인 코치가 했던 질문이 기억난다. 그는 "우리가 내년에 카페에서 만나 '지난해는 성공적인 해였어'라고 말할 수 있으려면 올해 무슨 일이 일어나야 할까?"라고 물어봤다. 이 질문은, 지금 당장 해야 할 일이 너무 많아 무엇을 먼저 해야 할지 모르는 사람에게 상상 속에서 뒤를 돌아보아 무엇이 가장 중요한지 깨닫게 할 수 있는 질문이다.

여러분은 이 책을 읽으면서 많은 아이디어가 떠올랐

을 것이다. 적어도 그랬으면 좋겠다. 그렇다면 나는 질문하고 싶다. "온라인 사역을 시작한 이후 6개월 안에 나타나야 하는 열매가 무엇일까?" "어떤 열매가 눈에 보여야 '우리는 온라인 사역을 잘하고 있어'라고 말할 수 있을까?" 그 열매들의 예를 몇 가지 들어 보자.

- 온라인 예배를 통해 OO명이 구원받음
- 온라인 소그룹 OO개 구성됨
- 온라인 멤버 OO이 모임
- 웹사이트를 개설함
- 소그룹 교재 OO개가 출간됨

6개월 후의 온라인 사역의 열매가 머릿속에 그려진다면, 온라인 사역을 어떻게 시작해야 할지도 그려질 것이다.